U0858129

人口变动对中国经济可持续增长影响研究

孙晓海◎著

中国·成都

图书在版编目（CIP）数据

人口变动对中国经济可持续增长影响研究/孙晓海著.—成都：西南财经大学出版社，2024.5
ISBN 978-7-5504-6180-2

Ⅰ.①人…　Ⅱ.①孙…　Ⅲ.①人口自然变动—影响—中国经济—可持续发展战略—研究　Ⅳ.①F120.4

中国国家版本馆 CIP 数据核字（2024）第 083422 号

人口变动对中国经济可持续增长影响研究

RENKOU BIANDONG DUI ZHONGGUO JINGJI KECHIXU ZENGZHANG YINGXIANG YANJIU

孙晓海　著

策划编辑：何春梅
责任编辑：李　才
助理编辑：陈进栩
责任校对：邓嘉玲
封面设计：何东琳设计工作室
责任印制：朱曼丽

出版发行	西南财经大学出版社（四川省成都市光华村街 55 号）
网　　址	http://cbs.swufe.edu.cn
电子邮件	bookcj@swufe.edu.cn
邮政编码	610074
电　　话	028-87353785
照　　排	四川胜翔数码印务设计有限公司
印　　刷	四川煤田地质制图印务有限责任公司
成品尺寸	170 mm×240 mm
印　　张	11.75
字　　数	200 千字
版　　次	2024 年 5 月第 1 版
印　　次	2024 年 5 月第 1 次印刷
书　　号	ISBN 978-7-5504-6180-2
定　　价	68.00 元

前 言

改革开放至今所经过的四十余年，是我国经济水平持续进步、人民生活水平快速提高的四十余年。以 1978 年不变价计，中国国内生产总值从 1978 年的 3 678.7 亿元增长到 2022 年的 164 808.3 亿元，总量增长了约 43.8 倍；同时我国人均国内生产总值也伴随总量的增长一同增长，截至 2022 年相比于 1978 年增长了 30.3 倍有余。在成果显著的同时，中国也面临着过去单纯的要素驱动增长方式后续乏力、经济增速放缓、自主创新能力仍有待进一步提升等一系列问题，中国经济的可持续发展问题再次引起关注和讨论。与此同时改革开放至今的四十余年也是我国人口变革的四十余年，伴随着我国经济发展和计划生育政策的实施，人口出生率快速下降、人均预期寿命显著提高等原因使得我国人口在多个方面发生变动。根据《中国统计年鉴 2023》的数据，在 2000 年我国 65 岁及以上老人占比已经达到 7%，按照国际通常标准已经进入老龄化社会，此后我国的老龄化逐渐加速，截至 2022 年 65 岁及以上老人占比已达到 14.9%；人口数量在此过程中增速逐步放缓，在 2022 年总人口进入下降阶段；与此同时，中国的人口质量显著提高，按照第七次人口普查数据我国 15 岁及以上人口平均受教育年限上升到了 9.91 年，并且受教育结构不断优化，大学生占比稳步提高，专业化人力资本的占比也在增加。人口作为经济增长过程中核心的能动因素，其“在中国经济可持续增长中起到了怎样的作用？其变动又有怎样的影响？中间有哪些有利和不利因素？”等一系列问题都亟需回答。本书围绕着中国人口变动与经济可持续增长的问题，沿着“提出问题——机理研究——实证研究——政策建议”的研究思路对该问题进行了系统的回答。

在机理研究方面，本书在梳理和归纳已有的相关理论和研究成果的基础上，使用影响机制阐述和数理模型分析的方法，分别针对人口在数量、质量、年龄结构上的变动对于经济可持续增长的影响进行研究。通过人口变动对经济可持续增长影响的机理研究发现：人口数量变动除了可以通过提供劳动力的供给路径影响经济可持续增长以外，还可以通过影响物质资本投资回报率的方式产生，同时人口数量所代表的市场规模也为企业进行科技创新提供了更大的动力，提高了基础设施建设的收益；人口质量变动则主要通过技术模仿和创新带来的生产效率提高，以及作为要素直接投入生产之中两种形式对经济可持续增长产生影响；人口年龄结构的变动中，少儿抚养比和老年抚养比的增加都会通过劳动力供给路径对经济可持续增长产生影响，但是两者又存在不同。这种不同反映在对于适龄人口的劳动参与率影响上，一方面少儿抚养比的增加会降低适龄人口的劳动参与率，而另一方面老年抚养比的增加虽然为未来经济可持续增长带来了很大的压力和挑战，但是老年人却可以通过代际支持的方式增加适龄人口的劳动参与率，缓解由于老龄化所带来的劳动力减少问题。同时人口年龄结构还可以通过物质资本路径对于经济可持续增长产生影响，其中少儿抚养比的增加必然会降低储蓄率，而老年抚养比的增加却可能由于预期效应提高储蓄率。此外，本书还对劳动适龄人口内部的年龄结构老化进行了分析，发现劳动适龄人口内部的老龄化会通过劳动力供给和技术进步两条路径对经济可持续增长带来不利影响。

在实证研究部分，以理论分析为基础，针对人口数量、质量、年龄结构变动中对经济可持续增长影响的最显著的部分进行实证研究，从而对机理研究中所得到的结论进行验证。实证估计的结果显示：首先，在2004年以后，中国的劳动力供给逐渐成为稀缺要素，这表现为其显著性相比2004年以前有所提高。同时伴随着劳动力增速由正转负，劳动力要素的变动对于经济可持续增长的贡献也由正转负，从过去可以通过增加劳动力供给提供经济可持续增长的动力模式，变为由于劳动力减少而对经济可持续增长产生压力的模式。其次，中国人口质量的变动对于经济可持续增长的贡献整体上显著且稳定。同时人口质量变动的不同侧面对于经济增长的影响在2004年前后存在变化，在2004年以前平均受教育年限所反映的人口总体质量水平的改善的影响更为显著，而在2004年以后大学生占比所反映的人口质量内部结构的优化的影响更为显著。最后，在分离了老年抚养比增加所带来的劳动力供给减少的影响和其他效应（通过储蓄率、影子贡献等方式所带来的效应）之后，发现老年抚养比的增加虽然总的来看会对经济可持续增长带来负面压力，但老年人同时具有自身的生产性，其可以通过其他效应对经济可持续增长产生正面贡献，并不全部都是负面效应。

之后为了解释和验证老年人的这种生产性和正面作用，本书提出了老年人影子贡献的概念并通过实证的方式，对上一章中老年人的正面贡献进行了进一步的验证。实证结果显示，老年人的代际支持会显著地增加劳动适龄人口的就业率，对于全部子女而言享受到祖辈的全部代际支持可以使其就业率提高 13.8 个百分点，对于女性而言则可以提高 18.5 个百分点。不过由于我国经济社会的发展使得外部条件不利于老年人发挥代际支持作用，这造成到 2016 年时享受到来自祖辈全部代际支持的子女只占到全部 16 岁到 50 岁子女的 14.3%。这稀释了老年人影子贡献的作用，使得其所带来的实际就业率提高对于全部子女和女性分别只有 3.3 和 4.4 个百分点。因此按照 2010 年的第六次人口普查数据，占比 13.32%的 60 岁以上老年人，其对应的影子贡献所占 GDP 比例仅为 3.24%。虽然这表明老年人并不能仅仅通过影子贡献就为经济可持续增长带来足以匹配其人口规模的贡献，但也足以说明老年人与少儿不同，具有自身应当被研究所正视的生产性。为从一个积极乐观的角度研究中国当前所面临的老龄化问题提供了支持。

本书的创新之处在于：对人口数量变动、人口质量变动、人口年龄结构变动对于经济可持续增长的影响通过理论阐述和数理模型的方式进行了全面分析，并使用中国省际面板数据，通过实证的方法定量地研究和验证了中国人口在数量、质量、年龄结构上的变动对于中国经济可持续增长的影响和其贡献率的变化。之后针对老年人不同于少儿所带有的生产性，从老年人影子贡献的角度进行了分析，通过实证数据定量地验证了老年人影子贡献对于劳动适龄人口就业率的促进作用，并测算了自 2000 年以来老年人影子贡献对于国内生产总值的贡献。

孙晓海

2024 年 3 月

目　录

1　导论／ 1

1.1　研究背景及意义／ 1

1.2　研究综述／ 6

1.3　研究思路、内容与方法／ 31

1.4　创新之处／ 34

2　概念界定及相关理论基础／ 35

2.1　概念界定／ 35

2.2　经济增长相关理论／ 37

2.3　人口变动相关理论／ 39

2.4　本章小结／ 43

3　人口变动对经济增长影响的机制／ 44

3.1　人口数量变动对于经济增长影响的机制／ 44

3.2　人口质量变动对于经济增长影响的机制／ 49

3.3　人口年龄结构变动对于经济增长影响的机制／ 53

3.4　本章小结／ 70

4　中国人口变动对经济可持续增长影响的现状与经验分析／　72
4.1　人口数量变动与经济可持续增长／　72
4.2　人口质量变动与经济可持续增长／　83
4.3　人口年龄结构变动与经济可持续增长／　89
4.4　本章小结／　99

5　中国人口变动与经济增长实证／　100
5.1　模型设定／　100
5.2　变量选择／　101
5.3　数据说明／　103
5.4　数据检验／　103
5.5　模型估计／　105
5.6　经济效应分析／　106
5.7　本章小结／　115

6　老年人影子贡献：对人口年龄结构变动与经济增长关系的再认识／　117
6.1　理论框架／　118
6.2　代际支持与子女就业情况实证分析／　119
6.3　数据检测／　122
6.4　全部子女参数回归结果／　125
6.5　分性别样本回归结果／　129
6.6　劳动力投入与国内生产总值关系／　134
6.7　老年人影子贡献对 GDP 的影响估算／　139
6.8　本章小结／　141

7　研究结论与政策建议 / 144

7.1　研究结论 / 144

7.2　政策建议 / 146

7.3　研究展望 / 155

参考文献 / 158

1 导论

人口作为生产要素中主观能动性最高的成分，其既是劳动力的根本来源，也是发明创新活动的基础。因此，人口是经济可持续增长的重要因素。例如李通屏就认为日本 20 世纪 90 年代所经历的长期停滞甚至衰退，很大程度上就是因为其劳动人口占比不断缩小以及人口总数增长停滞造成的（李通屏，2002）。

在改革开放的四十余年间，我国之所以能在相对落后的基础上取得突飞猛进的发展，离不开我国充沛的劳动力供给和广大的市场。彼时一方面，我国庞大人口基数提供了海量的劳动力；另一方面，我国计划生育和经济发展造成的低生育率，带来了较低的社会总抚养比。两者共同构成了有利于经济发展的人口红利。但在经过了四十余年发展后的今天，中国的人口情况即将发生或已经发生了深刻的变化。这种人口变动是包含了数量、质量和年龄结构的全方位的变动。而这样深刻而全面的人口变动，必然会对我国经济的可持续增长带来影响。

因此本书对人口变动和经济可持续增长之间的关系进行研究，有利于厘清两者的关系并发现有利和不利的影响因素，从而为经济和人口政策的决策提供理论依据。

1.1 研究背景及意义

1.1.1 研究背景

经过四十余年的高速发展，当前中国的经济和人口处于一个关键的变化时期。在经济方面，经济增速从 2012 年开始结束近 20 年 10%的高速增长并开始进入“新常态”，而国际上其他中等收入国家在冲击高收入门槛的过程中的种种挫败反复地向我们敲响警钟；而人口方面，当前老龄化问题已高悬于顶，人口数量（特别是劳动力数量）也面临负增长的压力，这些对我国未来的经济增长可能带来不利的影响，并且人口质量的提升是否能为经济可持续增长带来足够动力尚且存疑。下面分四个侧重点来阐述当前中国要想实现经济可持续增长所面对的情况和问题。

1. 众多各具优势的国家及地区无法实现经济的可持续发展

世界银行近年来的数据显示很多国家的经济长期停滞，不能突破中等收入区间，甚至出现衰退震荡。例如，俄罗斯自 1998 年摆脱巨变带来的衰退之后迎来了一个近十年的快速发展阶段，以 2015 年不变价美元计，其人均 GDP 从开始的 4 516 美元迅速成长到 2008 年的 9 094 美元，但之后的十余年间其经济增长再次陷入震荡，截至 2020 年其人均 GDP 也仅为 9 714 美元，和其之前十年的增速大相径庭。在南美板块，巴西也是非常典型的例子，其从 2000 年以来经济增长一直较为稳定，但当 2013 年其人均 GDP 达到峰值 9 216 美元以后就陷入了震荡衰退，到了 2020 年其人均 GDP 跌回了 2008 年的发展水平①。

这些国家或从过去继承了丰厚的遗产，或是地区性的政治经济强国，他们都具有各自的比较优势和发展机遇。但是在其经济发展过程中都未能突破中等收入区间，而是遭遇了较长时间的停滞，其原因值得我们深思。

2. 中国加重的老龄化趋势

根据国家统计局的数据，如果按照 65 岁及以上老年人占总人口的 7% 的标准，中国在 2000 年就已经步入了老龄化社会。之后老年人在全社会占比不断增加，到 2022 年时，65 岁及以上老年人占比达到 14.9%。从成因上看，中国的老龄化既受到过去和现在的计划生育政策影响，又受到经济社会发展所必然带来的人口寿命延长和再生产方式转变的影响，这两方面影响最终让我国人口年龄金字塔呈现出朝着“上大下小”的形状变化的态势。从 1982 年计划生育正式成为我国基本国策到 1990 年，我国人口少儿抚养比虽然在快速降低，但整个人口金字塔仍呈现出典型的上小下大结构；从 1990 年到 2010 年，生育高峰一代随年龄增长来到人口金字塔中部，同时新生儿进一步减少，老年人口占比虽有上升但速度缓慢。这三方面的共同作用使得该阶段的人口金字塔呈现出纺锤形；之后 2010 年至今，我国

① 世界银行开放数据库[EB/OL]. https://data.worldbank.org/indicator/NY.GDP.PCAP.KD.

人口结构进一步变化，老年人占比增加速度变快，少儿抚养比在低位徘徊。这种变化让我国的人口金字塔逐渐呈现出“上大下小”的形状。

在1990年到2000年的十年间，我国65岁及以上老人占比上升了1.4%，之后2000年到2020年的十年间，65岁以上老人占比又上升了1.9%。而从2010年至2020年的十年间，中国的老年人占比就已经攀升了4.6%。因此我国的老龄化速度是在逐步加快的。预计到了2050年前后，我国老年人口数量将达到峰值4.87亿，占总人口的34.9%[①]。由此中国将在未来面临老年人数量多、全社会老龄化速度快、未富先老等一系列问题，这给中国经济可持续增长带来了重大挑战。

3. 中国人口质量提高但与发达国家仍有较大差距

自改革开放以来伴随着经济发展，教育投入不断增加，从2000年到2020年间我国的教育经费持续快速增长，虽然近年增长速度有所放缓，但仍在以8%左右的速度继续增长。从人民受教育的角度看，我国人口质量在之前水平上进一步提高，根据2020年第七次人口普查的数据，我国15岁以上人口的平均受教育年限达到9.91年，每万人大学生人数更是从新中国成立初期的每万人21.22个大学生上升到每万人1 821个大学生[②]。但若和美国相比，则仍然存在较大差距。根据王广州的测算，要到2050年中国的平均受教育年限预期为14到15年，均值14.5年，那样才能接近美国2000年时平均受教育年限14.7年的水平（王广州，2017）。

除此以外，需要研究的是我国人口质量的经济红利转化机制问题。过去我国多依赖要素积累的方式实现增长，而在未来则更多地需要创新驱动。这种过去惯性和未来需要的矛盾，在近期看可能导致我国就业结构不合理、人力资本利用不充分、自主创新体系不完善等问题。此种情况下，需要明确两个问题：一是我国人口质量是否对经济产生促进作用；二是我国人口质量在多大程度上对经济产生促进作用。

4. 中国人口负增长带来经济增长压力

根据王丰等人的研究，中国从1990年开始人口的内在增长率就已经由正转负，并且之后持续的低生育率一直在积累人口负增长的惯性（王丰

① 到2050年老年人将占我国总人口约三分之一[EB/OL]. https://www.gov.cn/xinwen/2018-07/19/content_5307839.htm.

② 第七次人口普查公报[EB/OL]. http://www.stats.gov.cn/xxgk/sjfb/zxfb2020/202105/t20210511_1817201.html.

等，2008）。所谓人口增长惯性指的是一种由于人口发展势头而积累的趋势，其产生的原因是死亡的发生集中于老龄组，而生育的发生集中于育龄期并且新生儿添加于人口金字塔的底部。从效果上看，多年的高生育会积累起特定的人口结构势能，该势能会使得人口在之后的一段时间内顺势惯性增长，这就是为何我国实行严格的计划生育政策以来，人口仍逐年增长的原因；同样地，多年的低生育也会积累起对应的人口结构，逐步累积人口减少的势能，当其释放时则会让人口出现持续的负增长趋势。

从图 1-1 中可以看到在 1990 年以前人口增长率基本稳定在 14‰，自 1990 年开始中国人口的增量开始进入稳定的下降区间，截至 2021 年中国人口相对上年的增长降至 0.34‰，已经耗尽了过去的人口增长势能。到了 2022 年全国人口为 141 175 万人，比 2021 年减少 85 万人①，我国正式进入人口下降通道，开始释放过去积累的人口负增长势能。

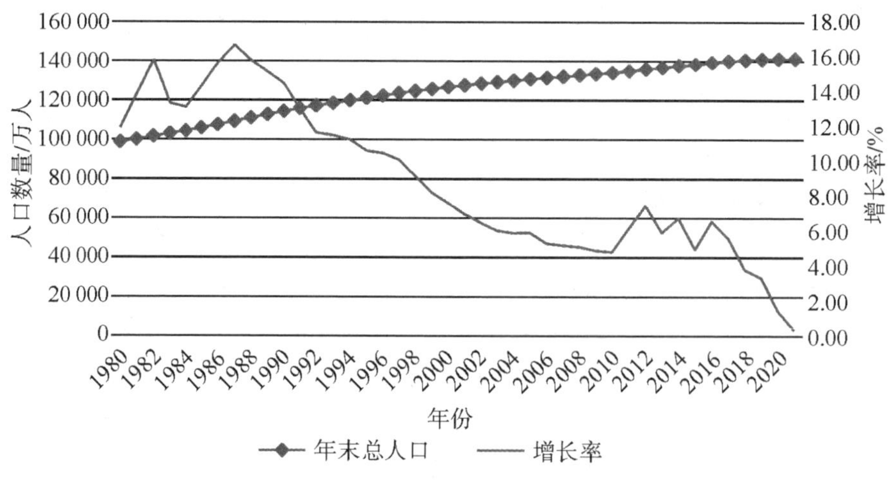

图 1-1　中国历年人口数及增长率

资料来源：历年《中国统计年鉴》。

1.1.2　研究意义

1.1.2.1　理论意义

本书较为全面地分析了人口在数量、质量、年龄结构三个方面的变动

① 王萍萍：人口总量略有下降 城镇化水平继续提高［EB/OL］.http://www.stats.gov.cn/xxgk/jd/sjjd2020/202301/t20230118_1892285.html.

对于经济可持续增长的影响。

首先，本书从作用机制上说明了人口数量、质量和年龄结构与经济可持续增长之间的关系，指出了人口数量会通过劳动力供给路径、物质资本路径、公共基础设施路径和技术进步路径对经济可持续增长产生影响；人口质量则会通过影响技术创新和模仿、影响要素本身的生产对经济可持续增长产生影响；人口年龄结构中少儿抚养比、老年抚养比以及劳动年龄内部年龄结构变化则会通过影响劳动力供给、物质资本积累以及技术进步的方式对经济可持续增长产生影响。在该部分中通过数理模型的方式进行了建模和分析，引入了老年人代际支持对于劳动适龄人口劳动参与率的促进因素，从而使得模型可以反映老年人代际支持对经济可持续增长产生的影响。

然后，从影响因素分析的角度，对我国各省面板数据进行了实证，验证了机制分析中所提出的人口数量、质量和结构对于经济可持续增长的影响，特别地在结果中再次验证了老年抚养比对于经济的正面促进作用，由此提出了老年人影子贡献的概念。

最后，在理论上说明了老年人影子贡献对经济可持续增长产生影响的原理机制，然后通过中国家庭追踪调查的数据估算了老年人影子贡献对于16岁到50岁成年子女就业率的影响水平，并由此进一步推算出我国自2000年来，历年老年人影子贡献所占GDP的占例。本书通过老年人影子贡献的概念，从家庭社会纽带的角度对老年人的生产性研究进行了补充，为从更加积极的角度认识我国的老龄化问题提供了支持。

1.1.2.2 实践意义

当前我国面临产业转型升级保持持续经济增长的情况，而众多过去冲击高收入区间失败的例子则反复提醒着我们中等收入陷阱的威胁，这引起了舆论的关注和担忧。因此对我国经济可持续增长的研究，有利于回答当前我国经济所面临的问题和挑战，为制定相关政策提供依据。

同时，与我国经济可持续增长面临风险所并行的是我国全面的人口变动。自2013年以来我国的劳动适龄人口数量开始逐渐下降，而老年抚养比出现加速增长的趋势，过去为我国经济增长带来贡献的人口数量红利逐步消失。这在一定程度上加重了人们对于中国经济可持续增长所面临风险的担忧。

应该说人口作为经济社会的重要组成部分，对于经济可持续增长起到的是基础性的作用。无论是经济所关注的生产角度，还是消费角度，都离不开人口作为分析和研究的基石。从生产角度而言，人口和生产所必需的三大要素（资本、劳动、技术）均有密不可分的联系。例如，人口数量所带来的劳动力本身就是生产的三大要素之一，无论是资本还是技术，都只有和一定数量的劳动力结合以后才能发挥作用。而人口质量则作用于技术创新和技术应用，是决定劳动生产率的重要指标，并在一定程度影响了资本有机构成，从而间接影响了物质资本的投入产出效率。人口的年龄结构则反映了当下和未来的劳动力供给情况以及全社会的抚养负担情况，而抚养负担情况则会对物质资本的积累造成影响。从消费角度而言，人口的数量决定了市场规模的大小，而庞大且统一的市场则有利于企业收回科技创新所必要的成本，从而促进研发投入和技术进步。

从学界的过往研究来看，人口与经济之间的关系是复杂的。单以人口数量而论，有的研究就通过对很多发展中国家的观察认为人口数量的增长对于经济增长会产生负面作用，而有的研究则又指出人口增长对于经济增长具有正面作用。这些结论往往都跟其所研究的具体国家，具体时间段有较大的关系。因此简单地因为人口面临变动就担忧其对于经济可持续增长的影响，往往会反应过度，从而夸大影响、甚至产生错误的认知。

本书通过对当前中国所面临的人口变动的三个主要方面进行分析，在理论上厘清概念，避免误用；对我国经济发展的历史和现状进行分析，讨论了人口各要素对于经济的影响；从实证上，进行定量研究，确定人口各要素变动对于经济所带来具体影响大小和方向；并通过老年人影子贡献的概念和实证，指出老年人自身所具有的生产性，为我国当前退休政策的决策提供了一个新的参考角度。

1.2　研究综述

人口与经济问题早在人口学正式诞生之前就作为治国理政的重要问题而被先贤所关注。在人口学、经济学正式成为显学之后，其更是被广大学者研究讨论。因此，在这方面国内外均有较为丰富的积累，本节将其分为国外研究综述、国内研究综述和老年人影子贡献研究相关文献综述三个部分，对人口变动和经济增长之间的关系研究进行梳理。

1.2.1 国外研究综述

1.2.1.1 中等收入陷阱

中等收入陷阱的概念最早由基尔（Gill）等人于《东亚复兴：关于经济增长的观点》中提出，用于指代中等收入国家在摆脱低收入水平以后，出现经济增长停滞，不能实现经济可持续增长从而迈入高收入国家的现象（Gill et al.，2007）。在此之后，中等收入陷阱的概念就被广泛讨论和应用，用于描述和研究各个经济体的增长困境。

尽管该概念被广泛使用，但是学界对这一概念的理解上存在争议。首先，表现在“中等收入国家”的标准上存在争议。例如有的学者认为其指的是按照人均 PPP GDP 排名处于中部的 40%的国家，即属于中等收入国家（Ye et al.，2016）。还有的学者也使用人均 PPP GDP 来对中等收入国家的发展门槛进行定义（Eichengreen et al.，2013；Eichengreen et al.，2012）。还有的学者使用的则是世界银行关于中等收入国家的分类，首先依据人均 GNI 进行排名，从中划出的中低收入国家和中高收入国家都算作中等收入国家（Gill et al.，2007）。其次，对于“中等收入国家陷阱”中“陷阱”和“中等收入国家”之间的关系存在争议，有的学者认为两者之间的关系是“专属”关系，即中等收入国家相比于低收入和高收入国家来说，更容易陷入经济增长停滞的问题（Robertson et al.，2013；Ye et al.，2016；Aiyar et al.，2013），因此“中等收入陷阱”是一个专门的名词；也有的学者认为两者之间只是个“修辞”关系，即“中等收入”仅仅是对“陷阱”的修饰，用来指代中等收入国家所容易遇到的经济增长困难，但低收入和高收入国家也有各自容易遇到的经济增长“陷阱”，中等收入国家相比于低收入和高收入国家并不会更容易遇到经济停滞的问题（Gill et al.，2015；Bulman et al.，2017；Im et al.，2013）。

同时对于“中等收入陷阱”这个概念是否能在严格意义上存在，不同学者也有各自的观点。很多学者通过自己对国际数据的经验观察和实证研究，认为确实存在着中等收入陷阱。例如，叶（Ye）和罗伯特森（Robertson）（2016）在其论文中提出了一个中等收入陷阱的统计学定义，并用其对过去的各个国家数据进行检测发现确实有较多的中等收入国家符合其所作的统计定义。埃伊尔（Aiyar）等人通过对比低收入国家、中等收入国家、高收入国家的增长模式，发现相对于低收入和高收入国家，中等收入国家更容易遇到经济增速放缓的问题（Aiyar et al.，2013）。艾森格林（Eichengreen）等人的研究通过对比多个国家的增长模式，发现中等收入国家陷入增长减速停滞的现象确实存在，在其之后的研究中，常见的两个区间是人均 GDP 1 万美元和人均 1.5 万美元，并且拥有较高教育水平和高科技出口水平的国家相对不容易落入陷阱之中，其意味着一个国家要尽量位于科技产业的上游阶梯才能规避增长停滞的风险（Eichengreen et al.，2013）。虽然这些学者的关于中等收入国家的界定存在一定差异，但对于该概念均持肯定态度。

另一方面也有诸如布尔曼（Bulman）等人认为虽然存在处于中等收入区间并经济停滞的国家，但是相对于高收入国家和低收入国家，这些停滞的发生并没有特别显著的规律（Bulman et al.，2017）。因此在中等收入国家特别容易陷入经济停滞这个意义下，其认为“中等收入陷阱”并不成立。不过同时其也承认低收入国家和高收入国家所依赖的策略是不同的，因此中等收入国家确实会面临经济增长策略转变的独特问题。皮利切特（Pritchett）和萨默（Sumners）（2014）对于中等收入陷阱也持怀疑态度，认为其部分经济快速增长国家的经济增速回落与其说是陷入了增速陷阱，更像是从高于平均的增长率回归到世界平均增长速度。艾姆（Im）和罗森博尔特（Rosenblatt）（2013）分别用绝对收入和相对收入来定义中等收入陷阱并带入实证数据，发现总体上结果并不支持存在严格意义上的“中等收入陷阱”。

无论是否肯定中等收入陷阱的存在，众多学者仍然对中等收入国家经济增速放缓或停滞的原因做出了分析。例如艾森格林等（Eichengreen）实证发现 85%的快速增长的经济体遇到增速放缓问题是由于全要素生产率（TFP）遇到问题（Eichengreen et al.，2012）。而多德（Daude）通过对拉丁美洲国家的研究发现工业生产效率提升乏力是其无法进入高收入国家的原因（Daude et al.，2010）。菲利普（Felipe）等人发现能进入中高收入的国家的出口商品更复杂且具有差异化（Felipe et al.，2012）。欧诺（Ohno）则以泰国为例举证了人力资本升级是进入中等收入之后经济继续保持增长的重要原因（Ohno，2009）。布尔曼（Bulman）等人的实证研究并没有发现能够支持中等收入国家更容易陷入经济停滞的证据，但是证实了中等收入国家面临从低收入国家策略向高收入国家策略进行转型的需要，指出能否顺利完成这种经济增长策略和方式的转型是中等收入国家能否保持经济增长的重点（Bulman et al.，2017）。可以看出，虽然对于中等收入陷阱这一概念所持态度不同，国外学者始终是将这一问题放在国家地区经济增长的框架下来进行研究的。这种研究角度对于本书的研究具有较大的启发意义，即不必过多地进行预设去研究中等收入陷阱的存在与否，而只需要从经济增长的角度进行研究即可。

1.2.1.2　人口数量与经济增长

一般认为物质资本、劳动力和技术水平是对于经济增长的最重要的三个因素。人口数量作为和劳动力直接相关的要素，贯穿了经济增长理论的始终。外国经济增长理论的发展在最开始的阶段就是从劳动和资本这两个最基本的要素的角度开始的。

20 世纪 40 年代哈罗德（Harrod）和多玛（Domar）提出了哈罗德-多玛（Harrod-Domar）模型，其中假设单位产品的生产过程中需要固定比例的资本和劳动，因此劳动和资本两者相互不可替代（Harrod，1939；Domar，1946）。同时劳动力的供给按照一个外生的固定速率不断上升。这种固定的比例要想在经济增长过程中保持平衡很难，因为会出现越来越严重的失业或资本过剩，因此整个模型的平衡非常脆弱。为了改进哈罗德-多玛（Harrod-Domar）模型的缺陷，之后的 50 年代里，索罗（Solow）和斯旺（Swan）提出了索罗斯旺（Solow-Swan）模型，其中最大的修改在于采用了新古典的生产函数，这让资本和劳动存在了相互替代的可能，但同时由于报酬递减效应，从而出现了最佳资本劳动比的选择问题，同时劳动力本身以固定的外生速率不断增长（Solow，1956；Swan，1956）。不过该模型下一旦进入稳态，就不再存在人均意义上的经济增长，整个经济规模也就随着人口规模的自然增长而增长。再之后为了解决缺乏内生的增长动力的问题，阿罗（Arrow）在 1961 年又提出了 CES 模型，其中最主要的变化是打破了资本边际产出趋向于零的条件，将其修改为趋向于大于零的常数（Arrow et al.，1961）。之后为了解决储蓄率外生决定造成的模型缺乏解释力问题，库普曼斯（Koopmans）和卡丝（Cass）极大地扩展了拉姆塞模型（Ramsey model），其最重要的改变就是将储蓄率的内生决定机制引入模型，从而解决模型由于储蓄率外生而导致的与真实经济观察不一致的问题（Koopmans，1963；Cass，1965）。

之后布罗恩（Braun）通过将移民选择当作家庭的最优化决策的一部分，从而将其引入了经济增长模型的分析之中（Braun，1993）。但是由于移民问题涉及不同国家的政治经济文化差异问题，其为了模型可控做了很多简化假定。但是这些简化假定在真实的国际社会中很难实现，因此其模型的解释力度存疑。同时其本国的人口增长仍然使用的也是外生的固定人口增长率，并没有解决之前模型中不能解释本国劳动力增长的问题。贝克尔（Becker）等人通过引入父母对子女的利他主义机制，让消费和子女综合决定的父母的总效用，从而父母的生育决策和经济增长联系在了一起，将人口的再生产纳入了经济增长模型之中。但是该模型的关注角度集中于经济对于人口的作用，用于解释人口对于经济的作用时并不适用（Becker et al.，1988；Becker，2009）。

在此基础上很多作者继续深入对模型进行改进，让其更加符合实际经验的观察结果。例如加洛尔（Galor）和韦伊（Weil）（2000）沿用贝克尔（Becker）的世代交替的模型，用类似的效用函数构建了一个包含三个不同阶段的模型。在第一个阶段，人口增长会抑制所有人均意义上的增长，国家的财富体现为居民的人数；在第二个阶段，人口增长只部分抵消掉了人均增长，但增加的财富仍通过增加的人口来体现；在第三个阶段，则进入现代模式，经济的增长会抑制人口的增长。在其假设中，值得注意的是其认为人口数量对于技术进步起到促进作用，进而推导出了该数理模型的各阶段性质。

实证研究中，关于人口数量是否能通过规模效应、市场效应等对经济增长产生影响及产生怎样影响的问题，有的作者认为人口数量并不能带来有效的经济增长。例如，贝卡思（Backus）等人在对多个国家的数据进行分析后，发现人口数量所带来的规模效应对于人均增长的作用并不显著（Backus et al.，1992）。但也有持相反实证结论的学者，例如克里姆尔（Kremer），其通过对长跨度的世界历史数据的研究，认为有理由相信人口的规模效应对于经济增长存在明显正面作用（Kremer，1993）。

关于人口数量的增速与经济增长之间的关系同样在学者之间存在分歧。有的学者的实证结果指向人口数量的增速提高，哪怕是劳动年龄人口增速的提高都会不利于经济增长，例如，鲍德里（Beaudry）和科勒德（Collard）（2003）按照其提出的模型对 1960 年到 1997 年的经济增长进行实证，发现在 1975 年以后具有较低劳动人口增长率的国家在劳均产出上具有更好的表现，即劳动人口的增长速度对于劳均增长起负作用。而有的学者通过研究则发现人口的增长在不同时段、不同国家和区域具有不同的表现。例如科里（Kelley）和施密特（Schmidt）（1994）通过对世界各国的面板数据的分析，指出在欠发达地区，较高的人口增长率会对经济增长带来显著的负面效应，但是在发达国家中人口增长有时就会表现出对经济总量和人均增长的正面促进作用。且其结果在20世纪六七十年代的结果和20世纪80年代的结果并不一致，在20世纪六七十年代表现不显著的人口增长率，到了20世纪八十年代的时候开始表现出显著的负面作用。为了深入研究为何会产生这种变化，其后科里（Kelley）和施密特（Schmidt）（1995）将人口增长分解成了出生、死亡、劳动力增长三个部分，并证实这三个组成部分变化在20世纪80年代发生的结构性转变。根据结果，其认为整体的人口增长对于经济增长既有正面作用、也有负面作用。如果笼统地将人口增长作为实证对象就会因研究的国家和时间段不一致而得到不同的结果。

关于人口数量的增长速度与全要素生产率之间的关系问题，有的作者认为人口数量的增长速度对于全要素生产率的存在负面的影响，例如鲍德里（Beaudry）和克劳德（Collard）（2003）认为较低的人口增长率对于资本密集型的技术普及更加有利，从而解释其所观察到的工业化国家中工作人口增长率较低而国家的经济增长较好的现象。

也有的学者认为两者彼此之间不存在相关性。例如贝卡思（Backus）等人通过对多国的贸易和经济增长历史数据进行实证，并没有发现经济理论所预期存在的规模效应（Backus et al.，1992）。之后为了解释该结果，佩利托（Peretto）（Peretto，1998）将人口规模和人口增长同时纳入经济增长模型，让人口数量增加导致的规模效应和由此带来的研发投入的分散效应互相抵消，从而构建出一个工业规模对于全要素生产率有正面促进作用，但是全要素生产率和人均收入的增长率却不取决于规模效应的内生经济增长模型，从而为贝卡思（Backus）的实证结果提供了理论模型的支持和解释（Peretto，1998）。

同时也有学者认为人口数量有利于提高全要素生产率。例如波塞尔普（Boserup）就认为需求是刺激技术创新以及普及技术创新的重要原因，因此只有更多的人口才能刺激技术的进步和普及，从而提高生产效率（Boserup，1976；Boserup，2014）。有的学者则从历史数据的经验分析中得出人口对于技术进步的正面作用，例如前文提到的克里姆尔（Kremer）就认为人口数量对于技术进步存在明显的正面作用（Kremer，1993）。

1.2.1.3 人口质量与经济增长

1. 人力资本的定义

人口质量的水平可以通过人力资本来进行衡量。不过学者间对于人力资本的定义并不完全一致。有的学者认为人力资本是独立于人的基本生物条件提供的劳动力以外所形成的积累。例如凯思立（Caselli）等人就在研究时就将劳动力分成了单纯劳动力和带技能的劳动力，这种分类方法强调了人力资本不同于人所天然具有的劳动能力的意义（Caselli et al.，2002）。

有的学者则认为人力资本是包括人健康等自然属性在内所共同构成的。例如库默（Kumar）和库伯尔（Kober）（2012）将人力资本分成了教育形成和健康水平两个方面来进行研究。而如布鲁姆（Bloom）、诺里斯（Knowles）、麦克凯斯（McCarthy）等学者也类似地将健康列为人力资本的内涵之一（Bloom et al.，1998a；Knowles et al.，1995；McCarthy et al.，2000）。

有的学者则认为教育培训所形成的人力资本内部也应该进行区分。例如温登布斯彻（Vandenbussche）等人在其研究中根据初等教育和高等教育分别进行回归，指出对于处在技术前沿的国家来说，高等教育所形成的人力资本才具有稳定和显著的意义（Vandenbussche et al.，2006）。林奇（Lynch）和布莱克（Black）（1995）则将人力资本分成了学校教育形成和公司培训形成两类。恩格尔布莉切特（Engelbrecht）则将一般教育形成的人力资本和研究与试验发展（R&D）形成的人力资本进行了区分，指出两者并不能任意转换（Engelbrecht，1997）。

2. 指标选择

人力资本涵盖人口的健康、教育培训以及认知能力多个方面。在经济增长领域使用较多的是健康和教育方面的度量。

健康指标的衡量国外学者根据需要有过众多的尝试。例如，诺维斯基（Lvovsky）使用伤残调整寿命（Disability Adjusted Life Year）来对居民的健康状况进行衡量。该指标主要反映了由于疾病所造成的负担大小（Lvovsky，2001）。寇莉（Cole）和诺伊迈尔（Neumayer）（2006）在研究健康与生产率关系时分别使用了营养不良率、疟疾率和水生疾病三个不同的指标来衡量发展中国家的人口健康情况。预期寿命作为健康指标也有较多学者使用，如布鲁姆（Bloom）、塞韦拉（Sevilla）、高鲁普（Gallup）等使用的都是预期寿命作为健康指标（Bloom et al.，2009；Bloom et al.，2004；

Gallup et al., 1999)。也有的学者使用自己转换后的指标，例如诺里斯（Knowles）和欧文（Owen）（1995）就用80岁减去预期寿命后的对数来代替直接使用预期寿命作为健康指标。

教育形成的人力资本衡量指标的衡量指标同样多样。例如，乔根斯（Jorgenson）使用和费劳梅尼（Freumenr）（1992）终生收入来对其所受教育形成的人力资本进行度量。拜索普（Bishop）则使用智力测试成绩对劳动力所携带的人力资本进行衡量，根据其引述的PSID的研究测试分数与工资收入以及生产效率有显著正向关系（Bishop，1989）。哈努舍克（Hanushek）和金（Kim）（1995）则使用了平均受教育年限和认知能力测试成绩两个指标。奇波拉（Cipolla）等更早期研究则会选用文盲率来对教育和人力资本进行衡量（Cipolla，1969）。

3. 人力资本与经济增长

对于人力资本和经济增长之间的关系，学者多持正面观点。巴罗（Barro）为解释新古典经济增长模型中由于资本回报率递减而做出的预测与实际观测不符，而引入了人力资本对于经济增长的正面作用（Barro，1991）。哈努舍克（Hanushek）和金（Kim）（1995）在实证中加入认知能力测试作为指标，指出人力资本可以对人均增长产生稳定且明显的影响。巴罗（Barro）和李（lee）（2013），则通过对146个国家在1950—2010年间的数据分析，指出在经济增长过程中，人力资本，特别是从教育中获得的人力资本，扮演着重要角色。麦卡锡（McCarthy）等人验证了失去健康人力资本将对经济产生显著的负面作用（McCarthy et al.，2000）。琼斯（Jones）回应并解释了伊萨克森（2002）发现的教育形成的人力资本在经济增长回归不显著现象，再次肯定了人力资本在经济增长中的重要作用（Jones，2003）。格莱瑟（Glaeser）等学者将政府因素加入分析之后，仍然得出了人力资本对于经济增长起核心作用的结论（Glaeser et al.，2004）。其他的还有恩格尔布雷什（Engelbreche）、曼奇（Mankiw）等人的研究结果均认为人力资本对于经济增长具有显著的正面作用（Engelbrecht，2002；Mankiw et al.，1992）。

同时有的学者则对人力资本在经济增长中的作用表示怀疑。例如，克莱诺（Klenow）和罗德里格斯（Rodriguez）（1997）通过对比98个国家的增长数据，认为相对于人力资本，生产率对于人均经济增长更应居于中心位置。伊萨克森（Isaksson）根据其实证结果认为人力资本对于经济增长所能起到的作用较弱，且不同状况下回归所得到的正负关系也不稳定（Isaksson，2002）。其他也有些学者的研究中则认为人力资本和经济增长的相关性不大（Steven et al.，2001；Knowles et al.，1995）。比较极端的如卡塞利（Caselli）等的研究则认为人力资本的普遍提升甚至可能会由于技术选择效果（appropriate-technology adoption）而降低无技能劳动力的生产效率，从而对于经济增长带来部分负面作用（Caselli et al.，1996）。

对于人力资本作用是否显著的争论，有的学者试图通过细分人力资本的构成来回答问题。例如，昂（Ang）等人则将人力资本分为高等教育人力资本和初等教育人力资本，认为高等教育人力资本在中高收入国家才能发挥对经济的促进作用，在贫穷国家不能起到多大作用（Ang et al.，2011）。

人力资本对经济增长的作用路径也有不同的理解，如本哈比卜（Benhabib）、霍尔（Hall）等人认为人力资本对于经济增长的作用来自其存量（Hall et al.，1999；Benhabib et al.，1994）。其中本哈比卜（Benhabib）和斯安格尔（Spiegel）通过本土技术创新和吸收外来技术两条路径考察了存量和增量对经济增长产生的作用，得到人力资本应该通过存量发挥作用的结论。而克鲁格（Krueger）、曼奇（Mankiw）等人则更倾向于人力资本的增量与经济增长之间具有显著相关性（Krueger，1968；Mankiw et al.，1992）。而扬恩（Young）通过对东亚各国的研究，则认为人力资本的聚集效应才是其对经济增长起作用的主要路径（Young，1994）。

关于人力资本指标在实证模型中应如何使用，不同学者也有一定的区别。琼斯（Jones）认为对于经济增长的分析中人力资本统计量使用错误是造成回归结果不稳定或违背预期的原因。其认为使用教育年限作为指标加入回归方程时，首先应该使用绝对受教育年限或者其差值，不应使用增长速度这类比率。其提出将居民受教育年限当成了一种对于人力资本的投资，而不是将其理解成了一种人力资本的积蓄多少的衡量。这样就可以解释受教育指标明明上下限都非常有限，但为何却能同可以无限积累的物质资本一样产生如此显著的作用（Jones，2003）。本哈比卜（Benhabib）和斯皮格尔（Spiegel）（1994）则认为在对经济数据的分析中不应该使用平均受教育年限增加的百分比，而应使用教育水平的变化。

4. 人力资本与全要素生产率

一般认为人力资本对于社会的全要素生产率起到正面促进作用。例如，本哈比卜（Benhabib）等人通过模型实证人力资本是创新的引擎，是落后国家接受技术转移实现全要素生产率追赶的促进剂（Benhabib et al., 1994）。之后 2005 年本哈比卜（Benhabib）和斯皮格尔（Spiegel）（2005）从落后国家追赶领先国家的角度对过去的多国数据进行了实证，指出人力资本是落后国家生产效率能否持续提升，从而追赶上领先国家的必要条件。在其验证的 27 个不具备足够人力资本的国家中，有 22 个在之后的 35 年间都饱受经济增长停滞问题的困扰。其研究为人力资本在落后国家中的重要地位提供了有力支持。斯蒂文斯（Stevens）等人和克纳勒（Kneller）将人力资本和 R&D 投入对生产率提高的作用进行对比，认为人力资本具有更加基础的作用（Stevens et al., 2003; Kneller, 2005）。瑟琳奈斯（Salinas）等人通过对欧洲国家在 1980 年到 1997 年的经济增长研究，认为物质资本和人力资本的聚集是全要素生产率提升的最主要因素（Salinas-Jiménez et al., 2006）。布朗齐尼（Bronzini）和皮塞利（Piselli）（2009）则通过对意大利各区域的全要素生产率、人力资本和研发投入之间的数据研究发现在各区域的发展中，人力资本对生产率具有最大的决定性。这些研究则表明人力资本在发达国家中同样起着很重要的作用。

但有的学者则对此表示怀疑或否定，例如米勒（Miller）和优佩德雅（Upadhyay）对非洲较为贫困的国家进行研究，发现人力资本对于这些国家的全要素生产率增长作用不显著，甚至有时呈现负作用（Miller et al., 2000; Miller et al., 2002）（2000；2002）。霍尔（Hall）和琼斯（1999）发现在低收入国家中人力资本对于生产效率并不能起到正面的提高作用。卡斯特罗等人（del Barrio-Castro）对较为发达的 OECD 国家进行研究，却发现人力资本对于全要素生产率的影响很小（del Barrio-Castro et al., 2002）。

学界普遍认为技术进步对全要素生产率的提高起到重要作用。由于现代国家间的全要素生产率差异很大程度上来自于能否顺利消化吸收新技术，因此很多学者着重研究了人力资本对于技术进步的影响。例如，康明（Comin）和霍比扬（Hobiyh）（2004）从技术吸收的角度对二战后 20 个主要的工业国家的发展进行了考察，发现这些国家的技术发展过程中人力资本、人均收入和经济开放程度共同起到了重要作。尼尔森（Nelson）和菲尔普斯（Phelps）（1966）强调人力资本是通过提高技术水平的方式影响全要素生产率从而促进经济增长的。

有的学者研究中发现人力资本对于全要素生产率的影响在不同类型国

家效果不同。米勒（Miller）和优佩德雅（Upadhyay）（2000）发现人力资本在贫穷国家的作用路径和在富裕国家中的作用路径不同，作用效果的一致性和稳定性也不同。范登布舍（Vandenbussche）等则对19个同属经济合作与发展组织（OECD）的国家展开研究，发现处于技术前沿的国家对于人力资本更加依赖（Vandenbussche et al.，2006）。

前面这些学者多从国家地区的对比层面进行研究，也有的学者从公司的级别对人力资本对于生产效率的影响做了侧面的印证。例如，巴雷特（Barrett）指出公司内部培训对于生产效率的促进作用和康内尔（Cohuell）（2001）。林奇（Lynch）和布莱克（Black）（1995）发现学校教育和公司培训对于生产效率都有促进作用。

1.2.1.4 人口年龄结构与经济增长

人口的年龄结构对于经济增长的作用很早就引起了外国学者的注意。很多经验研究偏向于支持年龄结构对于经济增长具有显著的影响的结论，例如莱夫（Leff）通过经验数据对比认为经济增长和储蓄率正相关和抚养比负相关（Leff，1969）。马拉穆博格（Malmberg）对瑞典1950年到1989年的经济数据进行分析，发现年龄结构解释了绝大部分该时期瑞典的经济增长数据（Malmberg，1994）。在1998年布鲁姆（Bloom）和威廉姆森（Williamson）（1998b）在既有研究基础和自己对亚洲经济奇迹的研究中提出亚洲此前的经济崛起受益于年轻化的人口结构所带来的充足劳动力和极低的社会抚养比。布鲁姆（Bloom）等人在模型中加入年龄结构，用1960年到1980年的数据估计参数，并用1980年到2000年的数据进行验证，发现加入年龄结构改善了模型的预测性，从而再次肯定了人口结构的作用（Bloom et al.，2007）。费勒（Feyrer）对比1960年到1990年间OECD和部分低收入国家人口年龄结构和生产效率的数据，认为人口年龄结构与生产效率间存在明显关联性，至少解释了四分之一的长期效率差异（Feyrer，2007）。布鲁姆（Bloom）和芬利（Finlay）（2009）在2009年再次通过自己的研究肯定了人口年龄结构因素对于1965年到1990年间东亚经济腾飞的作用，并对截至2005年的东亚多国经济增长和人口结构数据也做了进一步分析，肯定了人口结构的老龄化对于经济增长的负面作用，这种人口红利期过后的老龄化和快速攀升的社会抚养比，作为人口红利一体两面的存在可以成为人口负债。卡特吉力（Katagiri）对日本老龄化的经济影响进行研究，发现日本的老龄化对于通货紧缩、失业率以及1990年到2000年的

GDP 增长均有影响（Katagiri，2018）。米斯特斯（Maestas）等人对美国各州的老龄化数据展开研究，发现 60 岁以上老人占比每上升 10%，则人均 GDP 增速下降 5.5%。并且导致人均增速下降的主因首先来自生产效率的下降，其次才是劳动力供给的短缺（Maestas et al.，2016）。

但也有的经验研究对一般理解的人口结构对于经济增长的作用方式表示怀疑，例如（Gersovitz，1988）。福格利（Fougère）和梅雪特（Merette）（1999）对 OECD 国家的老龄问题进行研究，认为老龄化会促进未来对人力资本的投资，从而促进经济增长。其间虽然储蓄率有可能下降，但是这是由于物质资本回报率降低、人力资本回报率提高、最优储蓄率下降所导致的，因此总体看老龄化对经济增长以正面作用为主。埃斯莫格卢（Acemoglu）指出从 1990 年早期或 2000 年以来的数据并不支持发现老龄化会导致经济停滞的说法，甚至近几十年来经历快速老龄化的国家都有着更好的经济增长（Acemoglu et al.，2017）。

微观领域的研究较多地支持年龄结构对经济增长具有显著影响，如卡罗尔（Carroll）、德顿（Deaton）、帕克森（Paxson）等学者通过各自对微观数据的观察，认为年龄结构对于储蓄和人均增长具有显著影响（Paxson，1996；Deaton et al.，1997；Carroll et al.，1991）。费勒（Feyrer）在跨国研究中也发现了年龄结构和生产效率提高的显著相关性（Feyrer，2007）。

也有很多学者认为虽然年龄结构对于经济增长存在影响，但是其作用不应被过分夸大。例如李（Lee）通过对比多国人口年龄结构和经济增长情况的相关性，认为年龄结构对于经济的作用被夸大了（Lee，1980）。但是其研究视角是只关注当前多国之间年龄结构和经济增长的对比，并不关心对于一个国家本身的年龄结构的变化对应经济增长的影响程度。

而有的学者则对年龄结构对于经济增长影响的方向和机制进行研究。例如德顿（Deaton）和帕克斯森（Paxou）（2000）研究中国台湾人口结构，以及人口结构的变化对储蓄率的影响。其发现与传统的生命周期理论不一致的是，总的储蓄率单纯地随着年龄的增长而增长，并没有出现预期中的年轻的时候多储蓄，到了老年就开始逐步降低储蓄的情况。即便是排除其他因素后，老龄化对储蓄的正面作用虽然较低，但仍是正值。这和一般生命周期理论认为的老年倾向于不储蓄的理论是不一致的。汉恩（Han）和孙（Suen）（2011）着重讨论了年龄结构和工业部门增减之间的关系，发现工业部门在成长期时，就会出现平均年龄降低的情况；而工业部门进入下降时期后，就会出现从业者平均年龄增大的情况。其认为之所以出现这种现象是由于年轻人更愿意对新行业进行人力资本的投资，而老人则因为舍弃过去的行业专属人力资本的成本问题而不倾向于转换行业。但是其研究局限于本国的各个工业部门之间的起落变化，部门之间的这种年龄结构和产业周期的关系并不能推论出人口结构对于总的经济增长具有何种作用。鲁兹（Lutz）等人发现同样的人力资本在不同的年龄组内对于经济增长的作用不同，因此强调人力资本对于经济增长的作用需要结合人口年龄结构考察（Lutz et al.，2008）。

有的学者虽然肯定了人口年龄结构对于经济增长具有一定的作用，但认为这种来自年龄结构的影响并不巨大，是可以被消除的（Banister et al.，2012）。而博尔施（Börsch）从跨国数据研究对比出发，认为过去研究中对老龄化对于经济的负面影响过分夸大，并对老年人的生产效率质疑和排挤年轻人工作机会等常见的解释做出了批判，认为通过劳动力市场和资本市场的改革手段，老龄化并不会对国家的经济增长带来负面影响，经济增长本质上还是一个经济决策问题，而不是人口问题。不过其同样承认面对人口变动至少需要采用必要的手段才能避免人口的不利变动对经济增长带来的负面影响（Börsch-Supan，2013）。

1.2.2 国内研究综述

1.2.2.1 中等收入陷阱

在学界提出中等收入陷阱的概念后，中国学者就应用该概念分析中国的情况。例如，蔡昉从收入分配的角度，借鉴世界上其他国家的经验，讨论中国应该如何应对才能更好地抓住机遇实现经济持续增长（蔡昉，2008）。马岩通过比较国际上跨越中等收入国家的成功和失败案例，指出中国需要在国际贸易模式、国际游资管控、技术创新和产业衔接、城市化及工业化、收入公平、政府正确定位六个方面着力才能更好地跨越中等收入陷阱（马岩，2009）。马晓河、孔泾源等不同作者都采用类似的思路，通过对比借鉴东亚、拉美等国的经验教训，论述中国跨越中等收入陷阱，实现经济持续增长的道路（马晓河，2010；孔泾源，2011；郑秉文，2011；全毅，2012）。

有的学者认为并不存在严格意义上的“中等收入陷阱”的概念。例如，王绍光对中等收入陷阱概念在学术论文中的使用进行了跟踪，指出作为起源的格瑞特（Garrett）和世行（Garrett, 2004; Gill et al., 2007），其实后来都澄清“中等收入陷阱”只是一种说法、一种预警。其中前者甚至没有提及“中等收入陷阱”这个词，而后者则在2015年（Gill et al., 2015）的文章中表示，其在2007年所发表文章中所用的“中等收入陷阱”概念，只是“中等收入国家所容易落入的陷阱”的缩写，并不是指中等收入国家相较于低收入和高收入国家更容易陷入经济停滞的“陷阱”。当年格瑞特和世界银行所用的收入划分方法也不是学界常用的国家收入划分方法。按照世行2007年报告的划分方法，那就会得出我国从1960年开始到现在一直都在遭受“中等收入陷阱”困扰这样的结论（王绍光，2018）。

我国一些学者则从可能导致中等收入国家增速放缓的原因上展开理论分析和实证研究。例如，张德荣通过国际历史数据的比较指出中等收入国家存在一个越来越难以迈入高收入国家的国际趋势存在，在一定程度上算是对中等收入陷阱存在的肯定（张德荣，2013）。蔡昉认为应将中等收入陷阱放在经济学分析框架内予以解释，从低收入均衡的角度分析了中等收入陷阱。并由此引出当前中国面对突破刘易斯拐点和人口红利消失带来的增长瓶颈，要从过去以来要素投入为主的增长模式转变为以生产率提高为主的增长模式，如果不能顺利完成这种增长方式的转变则存在经济增长停滞的风险（蔡昉，2011），并且将中等收入陷阱解释为中国度过二元经济增长阶段迈向新古典增长过程中所面临的增长方式转变和由此孕育的潜在风险（蔡昉，2013）。

国内学者对中等收入陷阱的讨论多置于经济增长理论框架的大背景下，彼此的区别在于关注的侧面和给出的应对中等收入陷阱的手段有所不同。例如，蔡昉在2011年的文章从打破中等收入均衡的角度对此进行了论述（蔡昉，2011）。蔡昉和王美艳（2014）的文章中则着重从缩小社会收入差距、保持社会公平的角度进行了对比研究，指出社会公平对于经济持续增长的影响。全毅则从科技进步的角度进行分析（全毅，2012）。孔泾源从体制改革和制度创新角度进行研究（孔泾源，2011）。马晓河从需求结构和产业结构调整的角度展开讨论（马晓河，2010）。张德荣则对不同经济增长阶段中要素作用大小的区别进行实证，认为随着国家从中等收入区间进入高收入区间后，制度和技术创新两者将成为新的增长引擎（张德荣，2013）。

1.2.2.2 人口数量与经济增长

很多机构和学者试图找到劳动力数量对于经济增长的影响到底有多

大。例如，世界银行出版的《2020年的中国：新世纪的发展挑战》将中国GDP增长的构成按照资本、劳动力数量、劳动力质量以及跨部门转移等因素进行拆分后，其提供的指标显示劳动力数量解释了1978年到1995年中国年均GDP增长25%的重要因素（Nehru et al.，1997）。蔡皙和王德文（1999）对中国1982年到1997年的数据分析，得到劳动力对于经济增长的贡献率为23.7%（蔡昉，王德文）。沈坤荣对1978到1997年的数据进行估算，劳动力的贡献率则为18.8%（沈坤荣，1999）。郑小勇对1980年到2000年我国华东六省的数据分别进行分析，其所得到的劳动力对于经济增长的贡献依省份不同在3%到9%之间浮动（郑小勇，2004）。其与世行以及蔡昉等人二十多的贡献率差异可能是由于其计量方法以及模型设定不同而造成的。任志娟则对1978年到2002年的全国数据进行测算，其所得到劳动力对经济增长贡献率为0.26%~0.34%（任志娟，2005）。可见对于劳动力在经济增长中作用的大小，不同作者之间的估算结果存在较大的差异。而像徐瑛等人的研究则将目光聚焦于劳动力对经济增长作用大小随时间的变化上，其通过分析1987年到2003年的中国经济数据，计算出了历年经济增长中资本、劳动力和广义技术进步的贡献大小。发现从趋势上看，单纯的劳动力对于经济增长的作用呈现一种逐步缩小的态势（徐瑛等，2006）。

有的学者对我国人口数量变化所带来的劳动力供给与需求之间的关系做出了研究。例如齐明珠对我国2010年到2050年间的劳动力供给和需求变化做出预测，其认为2106年后我国的劳动力供需关系将从过去几十年间的供大于求变为供小于求（齐明珠，2010）。不过其预估时所做的最低的总和生育率预估也在1.6的水平，而当前我国放开生育限制政策以后，实际的总和生育率是远低于此的。而夏伦则认为我国在2015年之后，劳动力市场就将开始出现供不应求的状态，并且这个缺口将在未来不断扩大（夏伦，2014）。

由于我国人口历史政策的特殊性，对于人口导致的劳动力数量供给变化，很多学者专门从老龄化的角度进行了讨论。例如，王德文指出彼时中国劳动力已经处于转折点，到2017年左右是我国劳动力供给形势仍相对较好的区间，之后就可能会逐步显现不利影响（王德文，2007）。童玉芬从人口老龄化对劳动力供给影响的角度进行了分析，认为我国未来劳动力数量的总体供给虽然处于下降通道，但是直到2030年前整个下降趋势还是很平稳的，不会出现劳动力数量急剧下降的问题（童玉芬，2014）。郭瑜（郭瑜，2013）也得出类似结论，认为虽然老龄化确实会带来劳动力供给的负面影响，但由于人口变化的长期性，并不会给经济发展带来灾难性的影响。

有的学者则在研究中特别关注中国劳动力的城乡结构特性。例如，刘强在研究我国不同地区的经济收敛性时就发现，我国大规模的劳动力转移使得资本劳动比率的变化脱离了新古典理论的假设，导致在中国未能观察到新古典理论中的地区收敛效应（刘强，2001）。该文献反映出我国劳动力对经济作用的研究中，劳动力迁移视角的重要性。因为我国的城乡二元的经济结构，因此劳动力表现出很强的从农村迁往城市的倾向，而这种迁移伴随着巨大的经济社会作用。又比如，盛来运对农村劳动力向城市流动所带来的影响进行分析，发现虽然我国农村劳动力在向城市流动，但是并没有降低我国农业产出，同时这种流动对于农村和城市发展具有积极意义（盛来运，2007）。

1.2.2.3 人口质量与经济增长

按照新古典经济增长理论，在各个国家地区之间应该存在条件趋同的趋势，即落后地区的增长率高于发达地区的增长率，从而实现最后各个国家的经济水平之间的平衡。但是这种趋势在我国的各地区经济增长数据的观察中却并没有呈现，例如林毅夫、王绍光等人就发现自改革以来中国各区域的经济差距不仅继续存在，而且有扩大的趋势（王绍光 等，1999；林毅夫 等，1998）。为了解释这个理论和实际观察的不一致，很多学者认为需要引入以人力资本为内生的增长动力的理论。

对于人力资本和经济增长之间的关系，有些学者持中立或怀疑态度。例如，钱晓烨等按照人力资本促进技术进步创新，进而促进经济增长的研究路径进行了实证。对中国 1997 年到 2006 年间的省级数据进行分析，虽然确证了人力资本对于创新活动的决定性作用，但最后结果却并没有支持我国技术创新与经济增长的相关性。由此也就对人力资本对于经济增长具有正面作用提出了怀疑（钱晓烨 等，2010）。当然其结果可能是专利质量或转化存在问题，也可能与其研究阶段时中国的增长方式有关，但至少说明人力资本是否能对经济增长起到积极作用是受其他条件影响的。

很多学者对人力资本在经济增长中的作用持正面评价。而人力资本对于经济增长正面作用的产生方式，既可以是通过人力资本本身直接或间接投入生产过程来促进技术进步的方式实现；也可以是通过发展中国家承接来自发达国家的先进技术转移和创新的方式来实现。

有的学者从前一条路径展开论述，例如沈利生和朱远法（1997）从人力资本、物质资本对于经济增长作用路径不同的角度进行对比，认为增加教育经费、提高人力资本对于促进经济增长具有正面作用，且越早投入越有利。从国家长期投入的角度看，教育投资的投入产出比是固定投资的2倍以上。（沈利生 等，1997）。其不但肯定了人力资本的正面作用，而且明确地将其放到了效能比优于物质资本投入的位置。

有的学者从后一条路径展开论述，例如邹薇和代谦（2003）指出人均人力资本水平是发展中国家通过先进技术模仿实现对发达国家赶超的决定因素。认为国际社会上很多发展中国家之所以不能实现模仿和赶超是由于先进的技术和其低下的人力资本不匹配造成的。代谦、沈坤荣等人也从发展中国家承接发达国家外商直接投资（FDI）的角度，论述了发展中国家发展人力资本的重要性（代谦 等，2006；沈坤荣 等，2001）。杜伟等人则通过对中国省级面板数据的分析发现，就全国而言人力资本对于经济增长的直接作用并不明显，其主要通过技术创新的和模仿的方式间接促进经济增长（杜伟 等，2014）。赖明勇等人（赖明勇 等，2005）从技术转移吸收的角度，对1996年到2002年间30个省市自治区的样本数据进行分析，支持了人力资本对于经济增长的显著正面作用。

也有综合视角的研究，例如李建民认为人力资本与物质资本具有较高的互补弹性，这是以现代技术进步为动力的经济增长模式的自然属性。对于人力资本的投入有助于经济的长期增长，因为其既是科技进步的源泉，又是承接技术转移扩散的必要条件，并且人力资本的生产过程本身就从要素供给和消费需求两方面对经济增长起到促进作用（李建民，1999）。李平等人则根据中国1985年到2004年的数据，对比人力资本、自主研发、FDI等因素在我国技术创新上的作用，发现中国较低的人力资本水平对于自主创新形成了阻碍（李平 等，2007）。

有的学者，虽然也肯定了人力资本的正面作用，但是认为物质资本投资作用占据更主要的地位。例如姚先国和张海峰（2008）对1985年到2005年的中国东部和西部分别进行了实证研究，其认为教育形成的人力资本虽然对于经济增长有显著的促进，但相比于物质资本仍处于次要地位。王小鲁等人通过对改革开放以来中国数据的研究认为，2000年到2009年的中国TFP的提高主要由市场化与城市化、人力资本与科技研发、基础设施改善三者承担。而投入增长方面，已经由过去对劳动力数量简单扩张的模式，逐步切换到了依赖人力资本质量的模式（王小鲁 等，2009）。

由于我国农村城市的二元经济结构，因此有学者对两者分别进行研究。例如，钞小静和沈坤荣（2014）通过对1995年到2012年间省级数据进行分析，发现城乡收入差异不利于农村居民进行人力资本投资，从而影响了我国长期经济增长和沈坤荣。周晓和朱农（2003）对1989年到1995年间中国各省农村地区的数据进行分析，肯定了人力资本对于我国农村地区经济增长的作用。同时发现即使同样都是农村地区，但是沿海的农村地区的人力资本比物质资本重要，而内地则表现为物质资本比人力资本重要（周晓和朱农等，2003）。这昭示了人力资本与物质资本在不同发展阶段，其重要性不同的特点。由于沿海地区往往较为发达，可以理解为在脱离较低的生产发展阶段之后，人力资本将扮演越来越重要的作用。

对何种人力资本对于经济增长更加重要的问题，学者间存在一定争论。例如，刘海英等人对我国30个省市数据进行分析，其关注点在于人力资本的平均程度和总量之间的关系，其认为人力资本的平等程度决定了积累的总量和速度。因此其建议将受教育机会更多地给予人力资本较低的普通劳动力（刘海英 等，2004）。而钱晓烨、沈利生等人的实证结果则更加支持高等教育对于经济增长有着更大的作用（钱晓烨 等，2010；沈利生等，1997）。

人力资本对全要素生产率的促进作用路径，可以是通过技能熟练等直接提高产出水平，也可以是通过促进技术进步和创新提高产业水平。对此也有学者做出了研究，例如，夏良科对中国国内的大中型企业进行了考察，发现如果控制了人力资本和研发的交互项之后，人力资本的系数就失去了显著性，这就说明至少在大中型企业里人力资本对于全要素生产率的促进作用需要通过对研发的影响来产生（夏良科，2010）。而岳书敬和刘朝明（2006）对1996—2003年中国省级行政区的整体数据进行研究时，则指出人力资本加入模型后让效率提升在TFP进步中所占比例上升。其结论说明人力资本也是可以通过提高技能熟练度的方式提高产出水平的。

除上述从教育培训角度的人力资本外，国内也有学者从健康的角度衡量人力资本水平。例如，余长林就从健康投资和教育投资共同构成总的人力资本的角度，构建了一个包含人力资本结构的经济增长模型（余长林，2006）。王弟海以福格尔的健康人力资本为基础，构建并分析了包含健康在内的经济增长模型。该模型的分析指出虽然福格尔的健康人力资本不能促进内生经济增长，但是可以放大来自技术进步的增长作用（王弟海，2012）。罗凯则用中国省级数据进行的实证，通过预期寿命和健康之水两个指标分别衡量健康水平对于经济增长的作用，均得到显著的正向作用（罗凯，2006）。骆永民通过数值模拟的方式指出政府扩大了在医疗卫生方面的支出，其可以提高稳态的人均产出和人均资产，并且用 1998 年到 2008 年的中国健康投资作为健康人力资本的代理变量进行实证，验证了健康人力资本对于地区经济增长的显著促进作用（骆永民，2011）。杨建芳 tffu 通过构建生产函数将教育和健康资本进行结合，形成了包含教育和健康两个方面的人力资本指标，将该指标纳入模型，并指出积累速度和存量都对经济增长产生影响。杨建芳等还使用 1985 年到 2000 年的中国 29 省市数据通过其模型进行实证，结果发现其综合人力资本指标对于经济增长具有显著且很强的正面作用。不过由于人力资本的积累速度远不如物质资本，因此其研究时段中人力资本对于经济增长的实际贡献仅为物质资本的 28.8%（杨建芳 等，2006）。范柏乃和张电电（2014）从健康人力资本理论出发，基于 1997—2012 年的省级数据证实医疗卫生财政支出对经济增长具有显著的正面影响。

也有学者的结果不完全支持健康人力资本始终对经济增长起到正面作用的说法。例如，王弟海等用中国 1979 年到 2003 年的省级数据验证其理论模型，发现健康人力资本增长虽然与经济增长成正比，但是健康人力资本与物质资本之比却与经济增长呈负相关（王弟海 等，2008）。

1.2.2.4 人口年龄结构与经济增长

关于我国人口年龄结构与经济增长之间的关系，我国学者有很多研究。早期如陈卫、刘贵平、黑田俊夫分别以亚洲地区的老龄化问题或者我国未来可能出现的老龄化问题为导向，对人口年龄结构与经济社会的关系展开研究（陈卫 等，1990；刘贵平，1992；黑田俊夫 等，1993）。而 2000 年后逐渐逼近的老龄化问题，促使我国学者对年龄结构的关注日渐密切。大部分学者认为人口年龄结构对于经济存在显著的影响。

首先，很多学者认为过去一段时间中国经济的高速发展受益于人口红利。例如，袁志刚和宋铮（2000）根据两期迭代模型，从理论上考察了人口年龄结构变动对于最优储蓄率的影响，发现人口老龄化带来了居民储蓄增长。蔡昉则从理论和过去经验的角度论述了人口红利在我国经济增长中的贡献，并警示我国的人口红利即将逐步减少乃至消失（蔡昉，2004）。王德文认为从 1960 年起中国就在享受人口红利所带来的好处，但是人口红利会在 2015 年前后消失，逐步转向不利的人口年龄结构（王德文 等，2004）。昉（Fang）和王（Wang）（2005）在 2005 年的文章中则估算 1982 年到 2000 年间人口红利对于中国经济增长的贡献比率达到了 25%。而王丰等则通过有效抚养比的计算认为我国从 1982 年到 2000 年的人口红利对经济增长的贡献在 15%左右（王丰 等，2006）。王金营使用我国数据，从人口年龄结构和劳动力供给的角度进行测算，发现在 2016 年以前我国的劳动力始终处于上升区间，这就为经济生产提供了充足的基本要素（王金营等，2006）。张晓青使用山东的县域数据，分年龄组考察了劳动力对经济增长的作用，其结果表明在我国 15—29 岁年龄组对于经济增长的作用最大，此后正面效应逐步减小（张晓青，2009）。王金营和蔺丽莉（2010）2010 年的实证所得结果与蔡昉之前的估算接近，认为 1980 年到 2010 年间，人口红利带来的经济增长占比在 27.23%。

当然越是肯定中国早年经济发展中人口红利的正面作用，就越是担心随着年龄结构变化，人口红利消失以后对我国经济增长的负面影响。例如，王维国等从年龄结构变动影响劳动力数量的路径，研究其对经济增长的作用，单就普查年份而言，人口老化使得 1990 年和 2000 年的 GDP 分别下降了 0.45%和 1.49%（王维国 等，2004）。彭秀健和浮士滕（2006）则从劳动年龄人口内部的老龄化影响劳动参与率的路径展开研究，指出在当前分年龄劳动参与率不变的情况下，劳动年龄内部的老龄化将通过降低总的劳动参与率的形式削减有效劳动力供给，并且即使中国能将老年劳动年龄的参与率提高到世界先进水平也很难扭转劳动力供给缩减的总趋势。齐传钧根据联合国 2008 年的预测数据，认为老龄化会从劳动力供给，资本形成和全要素生产率三个方面对经济增长产生不利影响（齐传钧，2010）。杨雪和侯力（2011）从宏观和微观两个角度，用理论和直观经验论述了我国老龄化带来的经济社会影响。王霞根据生命周期假说构架了模型，对 2002 年到 2008 年的省际数据对年龄结构和消费之间的关系进行分析，指出对于全国综合的消费数据来说，少儿抚养比有促进作用，而老年抚养比具有抑制作用。在当前我国面临老龄化程度不断加深的背景下，这就会抑制对于经济增长具有拉动作用的消费活动，从而不利于经济增长（王霞，2011）。郑伟等人根据将人均 GDP 分解，使用反事实分析方法指出若中国 1960 年到2005年的人口结构与2005年到2050年的人口结构相当，则年均GDP增长率将下降1.23%（郑伟 等，2014）。

对于我国未来必须面对的老龄化趋势，有的学者提出二次人口红利的说法。例如，蔡昉认为当前我国年龄结构的老龄化趋势有利于教育扩展和深化，由此可以从人力资本的层面创造出第二次人口红利（蔡昉，2009）。而王丰等则从老龄化预期对于储蓄的促进作用来讲第二次人口红利的问题（王丰 等，2006）。孟令国与王丰类似，也从老龄化对储蓄的促进作用进行论述，其对广东省1978年到2011年间的数据进行分析，现实少儿抚养比与储蓄呈负相关，而老年抚养比与储蓄呈正相关。而这由于老龄化预期而带来的储蓄率提高，则可以作为投资的来源，产生第二次人口红利，从而继续促进经济增长（孟令国，2013）。但是对于第二次人口红利的说法也存在质疑，例如，汪伟按照生命周期理论构建模型，通过1989年到2006年的省际数据，指出在分离出经济增长对于储蓄的正面作用之后，此段时间中老龄化对于储蓄的作用其实是负面的。因此其对老龄化会通过高储蓄而带来第二次人口红利的说法提出了质疑（汪伟，2010）。

同时也有学者对于人口年龄结构对于经济增长的作用持怀疑和批判态度。例如，王颖等从劳动力质量对劳动力数量的替代、国内大量劳动适龄人口的失业现状、以及历史上国际和国内低抚养比与高增速时期的错位等角度，对人口红利对经济增长的作用提出质疑。其认为对于我国人多地少的基本国情而言，过去人口红利并没有起到多少作用，未来也不会因为其消失而成为经济增长的瓶颈（王颖 等，2010）。车士义和郭林等人通过把城乡结构、产业结构转变和制度变迁纳入模型对历史数据进行分析，认为综合各要素来看，过去我国的经济增长对人口红利并没有多强的依赖，从经济发展的趋势来看，伴随着经济的发展人口红利发挥作用的基础条件也会逐步消减，故而不必太过担心人口红利的问题（车士义 等，2011；郭琳 等，2011）。

1.2.3 老年人影子贡献研究相关文献综述

1.2.3.1 老年人的生产性

虽然老年人确实存在需要照料的情况，但也不应该完全忽略老年人自身的生产性。对于老年人的生产性关注，一般集中于老年人退休后再就业等直接劳动参与的形式。但这与实践情况不一致，一方面具有足够技能完成再就业的老年人只是少数；另一方面按照社会习俗，步入老年以后更倾向于颐养天年，具有意愿再次重返劳动市场的人数有限。除了数量上的局限外，老年人直接参与生产劳动的实际效率往往不高，按照刘传江和黄伊星（2015）的研究，不同年龄的人口对经济增长的贡献效率呈现倒U形的关系，人在年轻时低，之后逐步上升，到中年时最高，之后开始逐步下滑。

因此老年人直接从事劳动生产，从效率上看是低效的。故而无论从数量还是效率的角度，老年人对经济的直接贡献都将是较为有限的。

1.2.3.2　家庭联系强度的东西方对比

不过这种对老年人退休后返聘的研究倾向可能更适应于欧美的文化，因为其文化中往往更重视核心家庭，父母往往不与成年子女同住，也不会对成年子女提供过多的帮助。但是在亚洲文化的国家中，直系家庭成员之间往往有着程度更深的社会和经济联系。例如杨菊华和李路路（2009）通过2006年对东亚社会调查数据的分析，发现在东亚国家里，现代化的进程并没有导致家庭功能的衰落，代际之间的劳动、经济、情感互动依然密切。这种代际之间的紧密联系，不仅体现在子女对于父母负有赡养的法律义务和社会普遍的舆论道德制约，而且也体现在老年人对于子女有更多的劳务和经济帮扶上。例如我国年轻人买房问题上多有祖辈的经济帮扶，祖辈与子女经常地住在一起，因此其也会提供家务帮扶。甚至当祖辈与子女不同住时，祖辈有时也会以在家乡照料孙子孙女的方式，提供对孙子孙女的隔代照料。而佐崎（Sasaki）和小川（Ogawa）和波拉克（Pollak）（2014）分别独立对同为东亚国家的日本相关数据进行了研究，同样发现与父母公婆同居会显著地增加已婚女性的劳动参与率（Sasaki，2002；Ogawa et al.，1996）。

在西方同样存在代际间的支持，例如康普顿（Compton）等人通过对美国数据的研究发现有年幼小孩的妇女如果和母亲或者婆婆住得很近，则会明显增加4%~10%的劳动参与率。德尔博卡（Del Boca）等人对于意大利数据研究同样观察到工作的女性多有来自祖辈的隔代照料支持，并且意大利的家庭文化也具有较强的作用，会提供超出照顾幼儿以外的代际支持（Del Boca，2002）。

这说明在西方同样存在代际支持，但是总的来看西方的家庭联系强度相对来说还是要弱一些。从研究对象上看，其实证研究多局限在已婚且有年幼孩子的女性。而作为对比，对于东亚，特别是国内的研究在样本选择上不仅包含女性，还包含男性。

1.2.3.3 祖辈代际支持的作用

因此，我国的老年人除了可以通过返聘等再就业形式直接参与劳动做出经济贡献，还可以通过帮助年轻子女照料家务和带小孩等方式，让年轻子女可以有机会更多地参与劳动。根据卢洪友、沈可等人的研究，我国祖辈的隔代照料和家务帮扶对年轻子女的劳动参与率和劳动时间均有正面促进作用（卢洪友 等，2017；沈可 等，2012）。根据劳动人口年龄与效率的倒U形关系，子女直接参与经济的效率是高于祖辈的。因此这种通过代际间的支持促进子女就业，从而间接对经济做出贡献的方式更加适合老年人。

较早对老年人与子女劳动参与关系做出的研究多从关注女性劳动参与和社会平等的视角出发。例如，杜凤莲从儿童照料成本的角度出发探讨女性劳动参与率下降问题，结论发现与父母公婆居住距离越近则女性的劳动参与越高（杜凤莲，2008）。而沈可等人则通过对改革开放以来女性劳动参与率下降原因的分析，认为我国较多的多代同堂居住方式是中国女性相比其他国家女性，能够维持较高劳动参与率的现实基础，因而自1990年以来多代同堂家庭结构的逐步消亡就造成了我国女性劳动参与率不断减少的现象（沈可 等，2012）。之后卢洪友等在2017年的文章中，对老年父母隔代照料和家务活动对儿子和女儿的劳动参与的影响做了测算，发现隔代帮扶不仅对于女性的劳动参与存在显著影响，虽然女性所受影响更大，但是对男性的劳动参与也是存在正面影响的（卢洪友 等，2017）。再往后邹红等人针对青年女性的劳动参与也做了类似研究，同样发现祖辈的代际支持对子女的劳动参与有显著的正面影响，根据其测算祖辈照料会显著增加青年女性的13%~21%的劳动参与率以及5~7.3小时的每周劳动时间（邹红等，2018）。

国外对于父母与子女劳动参与情况的研究开展得更早。例如，欧格瓦（Ogawa）和埃尔米施（Ermisch）（1996）在1996年对日本的16岁到49岁的已婚女性做出研究，发现与父母同住显著提高了其参加全职工作的可能性。之后科罗丁斯基（Kolodinsky）和席瑞（Shirey）（2000）在2000年针对美国的25岁到64岁且至少父母中有一人健在的女性样本做出研究，发现了同样的趋势。而之后佐佐木（Sasaki）在2002年的研究则更加关注育龄期妇女的劳动参与情况，因此其选择的样本是日本25岁到34岁的已婚女性，结论同样支持与父母同住对子女劳动参与率的正面作用（Sasaki，2002）。在之后毛雷尔—法齐尔（Maurer-Fazio）等人在2011年，对中国过去的数据进行了研究，发现老人在家庭中的存在显著增加了城市已婚女性的劳动参与率，并且其明确提到这里的老人是任何年龄段和关系的老人，既包括父母，也包括公婆，即使祖辈超过75岁效果也同样显著（Maurer-Fazio et al.，2011）。

不过也有些研究得出相反的结论，例如袁兴意和齐海源（2014）对中国农村和城市青年劳动参与和家庭结构关系的实证结果，认为多代同堂的家庭结构会对青年的劳动参与决策会产生负面影响和抑制作用，并且多代同堂结构对于男性的劳动参与抑制作用大于对女性的抑制作用。但总的来看，支持这一结论的相关研究较少，就该文章而言，其得出该结论可能和其关注的问题和样本选择存在关系，该作者将从事农业劳动视为未就业。而在中国农村有“养儿防老”传统，因此会优先把男孩留在家乡从事农业劳动，这在一定程度上可以解释为何其实证结果中多代同堂的家庭结构会对男性子女造成更大的负面影响。同时由于其样本中包括了农村青年，同时又把从事农业生产视为未参与就业，这种劳动参与的定义方式，就在有“子承父业”传统的中国造就了一大批“不事生产”的样本。因此会出现其实证结论中，多代同堂对男性子女劳动参与造成负面影响的结论。

1.2.3.4 育龄人口劳动参与率和劳动生产率

由于老年人的代际支持对育龄期人口的影响是最大的，因此确定育龄期人口的劳动生产率，以及其和其他年龄段的差异，就是确定育龄期人口产生变动对经济影响大小的前提。

对于劳动适龄人口内部不同年龄组生产效率的差异的研究存在不同结论。有的学者偏向认为劳动人口内部的劳动生产率呈现一种先上升再下降的倒U形曲线，比较典型的是汪伟等人通过对数次普查年份分省分年龄数据的分析，发现就我国适龄人口整体上的生产率，在青年阶段（15—29岁）不断上升，到了中青年阶段（30—49岁）达到最高，然后在中老年阶段其边际效应降为0（汪伟 等，2019）。任明和金周永（2015）则通过对韩国数据的分析也支持劳动年龄人口内部的老龄化会导致劳动生产率的下降。

有的学者则对老龄化对于劳动生产率的作用进行细分。例如赵昕东和陈丽珍（2019）将行业分为智力型行业和体力型行业，分别考察劳动力内部老龄化对于劳动生产率的影响，结果发现在智力型行业劳动生产率不仅没有随着劳动力的老龄化而减少，反而出现了上升趋势；而在传统的体力型行业，劳动生产率则表现出典型的倒 U 形。

有的学者则认为劳动人口年龄和劳动生产率之间的关系并非线性的确定关系，例如徐升艳和周密（2013）对第五次人口普查和 2005 年 1%人口抽样数据和城市数据分析发现，在中部和东部城市中劳动生产率在 60—64 岁组反而有一个提升，其高于 15—19 和 20—24 岁年龄组的生产率，因而其认为不能简单地认为劳动生产率必然会伴随老龄化而不断下降。

从本节关于老年人影子贡献的相关文献梳理中可以看出，虽然老年人的直接生产性伴随年龄的增长而有所下降，但是老年人，特别是在代际关系较为紧密的中国，仍旧有可能通过为子女提供代际支持的方式，促进子女参与就业，从而间接地为经济做出贡献。因此老年人是仍可能具有间接的生产性的。

1.2.4 国内外相关研究评述及本书研究切入点

通过对国内外文献的梳理可以发现，目前已有文献对人口的数量、质量、年龄结构与经济增长之间关系进行研究，并且其在理论、模型以及实证上都已经较为深入，各个学者从不同的研究角度出发对人口的数量、质量、年龄结构及其变化和经济增长之间的关系进行研究和分析，在理论和实践的螺旋上升中不断进步，为人口与经济发展之间关系提供了丰厚的内容，从而为本书对人口转型与经济增长关系的研究提供了值得借鉴的基础。这首先体现在，提高了本书对于人口变动、人口数量、人口质量、人口年龄结构、经济增长、产业结构、全要素生产率的知识积累；其次，确认了人口与经济之间存在的密切联系；同时，加深了笔者对人口变动中数量、质量、结构对经济增长的影响的了解；最后，加深了笔者对于人口变动对于经济增长影响机制的认知和把握。

虽然国内外对于人口与经济增长之间关系的研究已经相当深入，但是仍然存在可以改进和突破的地方，具体表现在：第一，已有研究大多侧重于人口的某个方面，例如人口老龄化、刘易斯拐点等，对于经济增长所带来的影响进行讨论，而中国由于极快的经济发展速度，再加上计划生育政策的影响，当前所面临的人口变动是数量、质量、结构全方位的变化，同时相关实证研究随着研究对象、研究时间段、研究方式和切入角度的不同，结论还存在争议。本书试图在该问题上继续做一些有益的探索，从人口变动对经济增长影响的角度出发，将人口的数量、质量、结构的变化纳入统一的分析框架，综合分析人口变动对于经济发展的影响，特别是联系到中国当前人口老龄化的趋势对中国经济可持续增长的影响，并通过实证对人口变动的三个方面所带来贡献进行了定量的测算。第二，已有的经济增长研究在讨论人口变动，特别是人口老龄化对中国经济的影响较为悲观，往往忽视了老年人的生产性，这在理论研究中表现为将老年人视为单纯的消费者，简单地将老人和儿童视为同样的社会抚养负担，认为老年人对于产出没有任何贡献，在实证中则表现为在指标选择时多将与老年人相关的指标作为负担引入模型，但实际上老年人可以通过社会家庭纽带，通过代际时间转移的方式对经济产生积极影响。而有的学者虽然关注到老年人通过代际支持对于成年子女的劳动促进作用，但是这些学者没有进一步分析这种效果对于经济增长的影响。因此本书引入老年人影子贡献的概念，将其纳入年龄结构与经济增长关系的数理模型，试图从比较积极的角度评估人口老龄化对于中国经济的影响，并通过实证的方法定量测算了老年人的影子贡献对于中国经济可持续增长的积极作用。

1.3 研究思路、内容与方法

1.3.1 研究思路

本书首先提出问题，基于对国内外相关文献进行梳理的基础上，理顺相关概念的基本含义以及彼此之间的关系，从而理顺概念关系，找出现有理论中存在不足和可以突破的地方，确定本书的切入点。然后通过理论归纳分析和数理模型分析的方式，研究人口变动对经济持续增长的影响，考察过去经验。之后再通过实证的方法对人口在数量、质量、结构三个方面的变动对经济增长产生影响进行定量的研究，从而对经验和理论模型进行检验。最后通过对理论研究和实证研究结论的归纳与总结，从人口变动的角度提出对于中国保持经济增长，顺利跨越中等收入陷阱的对策建议。见图 1-2 研究思路。

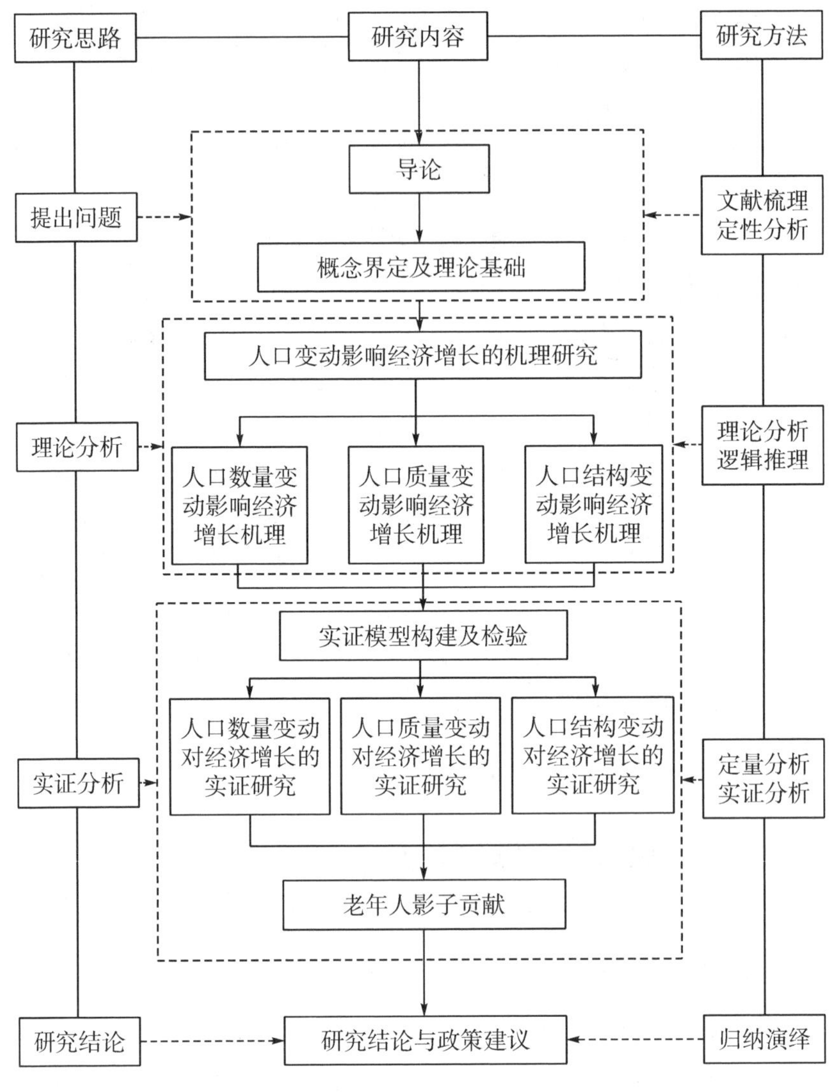

图 1-2　研究思路

1.3.2　研究内容

根据上一节的研究思路，本书共分为七章进行理论阐述和实证分析，章节划分如下。

第一章，导论。首先阐述本研究的研究背景和研究意义，提出需要解决的问题。然后对国内外的研究文献进行梳理和综述，发现现有研究的不足并确定本书的切入点；之后阐述研究思路，确定研究内容和方法；最后提出本书可能的创新点。

第二章，概念界定及相关理论基础。首先对人口变动和经济增长进行概念界定，然后对人口转变理论和经济增长理论进行梳理，为选题的合理性提供依据，从而为接下来的研究提供理论基础。

第三章，人口变动对经济增长影响的机制。分别对人口数量变动对于经济增长的影响机制、人口质量变动对经济增长的影响机制、人口年龄结构变动对经济增长的影响机制进行了说明。

第四章，中国人口变动对经济可持续增长影响的现状与经验分析。分析人口在数量、质量、年龄结构三个方面的变动，以及对我国经济增长的影响的历史经验和现状。

第五章，中国人口变动与经济增长实证。使用中国省际面板数据，对全时段人口数量、质量和年龄结构对于国内生产总值的影响进行了实证，并测算了历年人口三个方面的变化对于经济增长的贡献率；还使用分时段测算的方式，考察了不同人口要素在不同时期的作用大小和变化方向。

第六章，老年人影子贡献。第三章人口年龄结构的机制分析和第五章的实证研究均显示出老年抚养比对于经济的正面促进作用。为了解释该现象，本章首先正式提出了老年人影子贡献的概念；然后在机制上对老年人影子贡献进行了说明；之后通过中国家庭追踪调查的数据对老年人代际支持对于成年子女就业率的促进作用进行了实证；接着通过中国省际面板数据，对不同年龄段就业人口对经济的贡献的大小进行了定量研究；最后结合两个实证结果，推算出老年人影子贡献对于经济的影响。

第七章，研究结论与政策建议。通过总结理论机制、现状分析以及实证分析的研究结果得出本书的研究结论，从人口变动对经济影响的角度给出了促进经济可持续增长的政策建议。

1.3.3 研究方法

（1）文献研究的方法。文献研究法指的是通过对相关主题文献的搜索、评价、整理以及甄别，从而对研究对象产生科学的认知，并对关注该对象的科学研究本身的发展历史、研究现状进行把握的研究方式。本书在选题确定之前，对人口和经济方面的文献进行了大量参阅，从而对本书所关注的研究范畴和相关概念进行界定，从关注问题的范畴和理论解释的角度梳理了国内外学者的相关文献，并在此基础上提出了本研究的切入点和视角。并且在实证中得到结论后，通过横向对比与其他学者文献中的研究结论，对结论进行检验和讨论。

（2）理论分析与实证分析相结合的方法。理论分析偏重于说明“应怎样”的问题，具有较强的说明性质；而实证分析着重于“是怎样”的问题，具有描述性质。两者是“应然”和“是然”的关系。本书在概念界定、人口变动对于经济增长影响机制的说明部分，所运用的是理论分析的方法；而通过我国省际面板数据验证人口三个方面的变动对于经济增长的影响和贡献、以及对老年人影子贡献的测算则运用了实证分析的方法。

（3）定性与定量分析相结合的方法。定性研究强调的是根据经验和逻辑对事物进行主观判断，而定量分析则强调对数据的整理、计算和对比从而得出客观判断。这两者并不能直接等同于理论分析和实证分析，因为实证分析中既有定性分析也有定量分析，同时理论分析中也既有定性分析和定量分析。比如本书说明人口变动对经济增长理论影响机制的理论部分，既采用了对理论机制进行研究描述的定性分析，也采用了历史数据对比的定量分析。再比如，对老年人影子贡献的实证研究章节中，本书则需要首先采用定性分析对老年人通过代际支持对于子女就业率产生影响的原理、路径、关键控制变量有哪些进行定性分析，然后才能使用数据进行定量研究。

1.4 创新之处

本书的创新之处有如下三点：其一，从人口变动对于经济增长的影响机制出发，对人口数量变动、人口质量变动、人口年龄结构变动对于经济增长的影响通过理论阐述和数理模型的方式进行了全面分析。其二，使用中国省际面板数据，通过实证的方法定量研究了中国人口在数量、质量、年龄结构上的变动对于中国经济增长的影响和其贡献率的变化。其三，针对老年人的生产性问题，从老年人影子贡献的角度进行了分析，通过实证数据定量分析了老年人影子贡献对于劳动适龄人口就业率的促进作用，测算了自2000年以来老年人影子贡献对于中国国内生产总值的贡献。

2 概念界定及相关理论基础

2.1 概念界定

2.1.1 人口变动

在本书中，“人口变动”指的是人口在数量、教育人力资本所反映的质量以及年龄结构三个方面的变动。之所以这么选择，是为了遵循可获取、可调可控、变化明显的基本原则，同时结合了对我国当前经济增长影响的显著性方面的考虑。理论分析上，这样更容易从头厘清诸多概念的各自内涵和关系；实证研究中，相关数据也会更容易收集，模型也更容易建立。

人口是“生活在一定社会生产方式下，在一定时间、一定区域内，由一定社会关系联系起来的，由一定数量和质量的、有生命个人组成的、不断运动的社会群体”（李竞能，2001）。由此人口的定义可以看出其是由两类特性构成的概念实体：一是由人口自身的数量、质量以及由此而形成的结构所构成的人口自身属性所构成；二则是由人口所赖以存在的时间、空间以及社会关系的外部属性所构成。因此人口，既可以体现在其自然的数量、质量和结构上的，也可以体现在社会生产关系上。

就人口的自然属性而言，在数量上可以表现为人口绝对数量的大小变化，出生率、死亡率的变化等；在质量上可以表现为人均受教育水平的高低、人口健康水平的升降等；在结构上可以表现为劳动年龄内部人口年龄结构、老年抚养比和少儿抚养比、性别构成比等方面。

人口在社会生产中也具有多种形式。以居住地而论可以表现为人口城乡结构，以家庭居住方式而论可以表现为家庭规模大小的变动，以人口随时间的周期性位置变化而论则表现为人口周期性迁移的民工潮等。

总之，人口所涉及的内容非常复杂，其所产生的变动也有多重的考察角度。本书将人口变动的关注点缩小到人口的自然属性之上，是因为相比于受到多方面影响的社会生产属性而言，人口的自然属性是人口自身的内在属性，不易受短期社会经济环境波动的影响，更能反映长期的趋势。

2.1.2 经济可持续增长

在本书中，“经济增长”是指一个国家或地区在一段时间内的所有产出在去掉通胀成分之后的价值增长，其通过不变价 GDP 的增长来进行衡量。而“经济可持续增长”指的是对于经济增长在时间维度上的考察，不仅包含过去和现在的情况，还包含对未来经济增长情况的预测。

经济增长由两部分构成。其中一部分属于内涵开发型，其是通过技术进步等手段更加高效地利用已有的劳动、物质资本等要素实现增长，该部分一般又被称为“经济发展”；另一部分则属于外延扩张型，其是通过投入更多的劳动力和物质资本要素实现增长。从改革开放以来的经验来看，这两部分都相当重要。中国的经济增长中既有通过引进和发明新技术、转变生产方式带来已有要素的利用率的提高；也有劳动、物质资本要素投入增加带来的增长。其中外延扩展型的增长在改革开放早期的占比相对较大，伴随我国经济的发展方式逐步转变，此部分的占比逐渐变小，经济开始更多地依赖内涵开发型所带来的增长，但外延扩张型的增长依然存在。以总 GDP 和人均 GDP 的增长差异之中可以对这一现象窥视一二，从 1978 年到 2018 年之间，中国的总 GDP 增长率始终是高于人均 GDP 增长率的，两者历年的差异如图 2-1 所示。

可以看出在改革开放早期，总 GDP 高出人均 GDP 最多时达到 1.8 个百分点以上，之后伴随着增长方式的逐步转变而逐步下降，到了 2005 年以后进入相对平稳的阶段，始终维持在 0.5 个百分点左右的水平。这说明从历史上来看，我国的经济增长构成中要素扩张型的增长有一个从高位向低位平稳过渡的过程。但无论其比例如何变化，中国经济增长始终是由这两个部分所共同组成的。

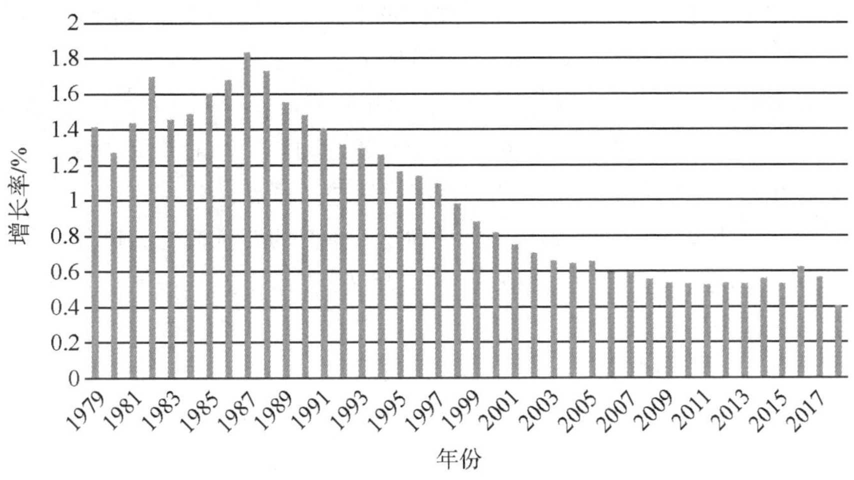

图 2-1　总 GDP 增长率和人均 GDP 增长率差值

资料来源：根据历年《中国统计年鉴》绘制

有一些类似的概念容易与经济增长的概念相混淆，其中一个概念是“经济发展”。其指的是一个国家或者地区在人均意义上的实际福利的增长过程，其不仅是财富和经济体量的增加和扩张，更实质上的变化，即经济结构、社会结构的创新，社会生活质量的提高，投入产出效益的增长。因此可以说经济发展就是在经济增长的基础上，一个国家或地区在经济结构和社会结构方面持续高级化的创新过程或变化过程。还有一个容易混淆的概念是“可持续发展”，其指的是自然、科技、经济、社会协调发展的理论。其概念的范畴内包含了生态自然的可持续性、社会发展与环境容纳能力相适应、经济发展兼顾保护自然环境、科学技术追求清洁高效等一系列内容。由于其在概念上容易与经济增长和经济可持续增长相混淆。因此，需要指出“经济发展”和“可持续发展”的内容已经超出了本书所关注的范围，并不是本书的研究对象。

2.2　经济增长相关理论

2.2.1　新古典经济增长理论

以索罗斯旺模型为代表的新古典经济增长理论模型是植根于新古典经

济理论之中的用于解释中长期经济增长的理论。该理论正式出现于 1956 年由索罗（Solow）和斯旺（Swan）所分别发表的《对经济增长理论的一个贡献》（Solow，1956）和《经济增长和资本积累》（Swan，1956）两篇文章之中。其中假设在完全竞争的市场之中，通过物质资本的投资、劳动力的增长、生产效率的提高来对长期的经济增长进行解释。

其中很重要的一点在于其认为所有投入生产的要素都受到边际报酬递减作用的影响，即在其他要素不变时，新增要素所得到的报酬会随着要素已有投入水平的增加而减少，且要素之间存在正的平滑替代弹性。按照其假设就使得其模型蕴含了两个重要的经济学含义。其一，伴随着资本存量的增加，经济增长的速度会逐渐减慢，这是资本报酬递减规律所造成的；其二，穷国和富国之间存在条件趋同效应，这同样是由于资本报酬递减规律使得穷国的经济增长速度快于而富国的经济增长速度。在索罗斯旺模型中，劳动力的平均资本和平均产出的稳态水平，取决于外生的储蓄率、人口增长率和生产函数的形式等因素。但是上述的结论与之前 100 年中许多国家的历史经验数据并不相符，因此备受质疑。例如，根据 16 组统计数据比较完整的发达国家的数据，其经济增长率虽然在 1970 年有所下滑，但是仍然显著高于 1870 年以来的早期水平。而 1960 年到 1985 年的世界经济统计数据，也未能观察到穷国对于富国的赶超，甚至当时穷国的经济增长速度往往更慢。但是索罗斯旺模型所开创的经济增长分析范式却仍然成为经济增长研究的事实准则，各类经济增长分析多以索罗斯旺模型作为研究的起点，即使与索罗斯旺模型有较大的不同的模型，往往也会与索罗斯旺模型的结果进行对比，以便于他人理解。

之后的 1965 年为了解决索罗斯旺模型中储蓄率外生的问题，卡丝（Cass）和库普曼斯（Koopmans）分别发表了《资本积累总量中的最优增长》（Cass，1965）和《论最优经济增长概念》（Koopmans，1963）对索罗斯旺模型进行了扩展，通过将拉姆塞的消费者最优化决策分析引入了古典经济增长模型，在家庭对于消费行为追求效益最大化和厂商追求利润最大化的假设下，将储蓄率内生入了模型之中。该研究的完成可以说基本奠定了新古典经济增长理论的基本形态。

2.2.2 现代经济增长理论

现代经济增长理论也称为内生经济增长理论。其中以罗默的知识溢出模型和卢卡斯的人力资本溢出模型最为典型。

其中1986年罗默提出的知识溢出模型，强调的是整个经济规模收益的递增效应，其认为知识外溢所带来的效益会抵消物质资本的边际递减，从而为经济带来增长。之后其于1990年，通过从人力资本投资的角度将技术进步内生入模型，从而使得模型由物质资本、劳动力、人力资本和技术水平四大要素共同构成。由此其模型得出的均衡状态下的经济增长取决于人力资本存量和研究部门的研究效率，较为有效地解释了低收入国家的增长困境。

卢卡斯则将舒尔茨的人力资本理论与索罗斯旺模型的技术进步结合起来进行分析，其将人力资本作为一个单独的因素纳入经济增长理论之中，提出了人力资本的溢出模型。其认为人力资本存量和人力资本投资是经济可持续增长最为重要的因素，而人力资本积累可以通过脱离生产接受正规学校的教育和边干边学从实践之中积累经验两种方式实现。而人力资本的提高可以通过推动技术进步促进资本的边际收益率提高而带来经济增长。由于卢卡斯的理论中假定资本收益不变，并将技术内生化，这其实就与罗默的知识溢出模型一样隐含了规模递增的假定，这在讨论不完全竞争状态下的经济增长时，与已有经验更加符合。尽管该模型中关于“人力资本”的度量存在一定困难，但其所强调的以人力资本为核心的增长模式，在经济增长分析之中将人力资本纳入考虑范围仍然有着非常重要的意义。

2.3 人口变动相关理论

2.3.1 人口转变理论

人口转变（Demographic transition）理论是人口数量变化和人口年龄结构变动的理论基础。其首先由法国人口经济学家兰德里（Landry）于1909年提出的，之后经过汤普森（Warren Thompson）、若特斯坦（Notestein）等学者的发展和完善，形成了当前的“人口转变理论”。

从起源上讲，人口转变理论是从对欧洲各国在经济社会的发展过程中死亡率和出生率的变化规律的观察和总结后逐步形成的。当时欧洲各国处于工业革命时期，机器大生产替代了过去的简单手工业，生产力迅速发展，由此带来了人民生活水平的普遍提高和医疗卫生技术的巨大发展，此时人口的死亡率快速下降，同时出生率则继续保持相对平稳的较高水平，呈现出高出生率和低死亡率、人口数量快速增长的人口模式。到了19世纪中后阶段，随着经济社会的进一步发展，资本有机构成进一步提高，劳动力开始出现相对过剩的现象，由此使得就业竞争加剧，以及女性受教育程度的提高和就业机会的增多，使得初婚年龄和生育年龄都向后推迟，由此就造成人口的出生率也开始下降，与此同时医学的继续进步让死亡率进一步下降，这就形成了死亡率和出生率双低，所造成的低人口数量增长的模式。

1909年和1934年，兰德里（Landry）先后发表文章对人口转变理论进行论述，他结合西欧历史上的人口统计资料，特别是法国的资料，对人类历史上人口模式的转变进行了总结，并认为造成人口转变的主要原因在于经济发展，特别是其中生产力的发展。他从对法国和西欧的历史人口数据的经验观察中进行总结，把人口发展的方式分为原始阶段、中期阶段和现代阶段。其中原始阶段为西欧的史前时期直到新石器时代，这一阶段的典型特点是生产力极其低下，经济水平极为落后，经济增长微乎其微。同时连年战乱、饥荒和瘟疫横行使得死亡率居高不下，同时出生率由于观念落后和补偿效应同样处于较高水平，由此就造成了高死亡率和高出生率并存的现象，此时人口数量随着生活资料的缓慢增长而增长；在此之后的中期阶段为西欧的新石器时代到中世纪时期，这一阶段的特点为生产力水平相比于之前有了一定的提升，且经济发展速度逐渐加快，部分个人不再满足于单纯的活着，对生活水平的提高有了要求，因此开始避免过多的生育，生育率开始下降；而现代阶段为中世纪以后的时代，这一阶段欧洲爆发了工业革命，生产力水平快速提升，经济加速发展，与之相伴的是人们对于生活质量的提高成了普遍期待，开始广泛地自觉限制生育行为，使得生育率进一步降低，同时医疗卫生技术随着生产力的提高而快速发展使得死亡率不断降低，这就让人口的再生产模式进入低死亡率、低出生率、低增长的模式。虽然此时刚提出的人口转变思想还只是针对西欧数据的观察，使得其阶段划分缺乏一般性，科学论证也相对薄弱，但却奠定了人口转变理论的基础。

美国学者汤普森（Thompson）则于1929年发表文章，在研究不同国家的出生和死亡数据的基础上，从区域差异的角度对人口转变进行了分析，试图把人口转变理论所发现的模式扩展到更大范围。通过结合经济和人口两者发展的视角，他把世界各国分为三类。其中第一类是亚洲和南美洲的发展中国家，人口再生产模式呈现出典型的高出生、高死亡模式，但是死亡率开始逐步下降，人口增长开始提速；第二类是西班牙、意大利和中欧各国，其典型特征是出生率和死亡率均呈现出下降趋势，总的人口增长速度逐步放缓；第三类则是西欧各国，其人口再生产的典型特征是人口的出生率和死亡率都快速下降，并且出生率的下降速度快于死亡率的下降速度，由此造成人口增长下降。尽管其对人口转变理论研究的方法和广度做出了巨大贡献，但是人们对于其区域划分仍存在质疑，此时的人口转变理论还只能算作奠基状态。

在之后的 1945 年，诺特斯坦（Notestein）在其论文中正式地提出了人口转变理论，在继承和发展兰德里和汤普森人口转变思想的基础上，较为系统地论述了人口转变所需要的条件和原因（Notestein，1945）。他认为人口转变理论对世界各国都有很强的普适性，这是来自生产力从低级向高级发展所带来的客观规律，因此人口转变思想不仅适用于欧美发达国家，也适用于亚非拉等发展中国家。他根据对世界各国经济发展情况和人口发展情况的研究，把人口转变分为了三个阶段。其中第一个阶段是前现代社会阶段，该阶段中的特点是死亡率和出生率双高，并指出此时的高出生率是抵消高死亡率的必要条件，当时的各种风俗、宗教、文化都意图促进出生率的提高，因为在当时高死亡率的背景下，出生率如果不能保持更高的水平则人类社会必然走向灭亡。第二个阶段是转变阶段，此时经济社会的发展导致死亡率开始快速下降，但是社会风俗具有较强的惯性，因此出生率的下降速度会慢于死亡率的下降速度，由此就造成人口的快速增长。第三个阶段则是死亡率保持较低水平，同时人口的出生率下降到接近甚至低于更替水平的程度，此时人口出现长期稳定甚至负增长的情况。虽然此时诺特斯坦的理论，尚不如之后的理论具有深度，但是由于他明确地提出人口转变理论，特别是详细地阐述了人口转变的原因。人口学界往往将其 1945 年的论文作为现代人口转变理论诞生的标志。

可以看出，人口转变理论主要解释了人口再生产方式随着生产力发展而产生的变化，并总结了由此造成的人口数量变化的阶段和特点。可以为本书所关注的人口变动中的数量变动提供理论支持和说明。

2.3.2 人口量质替换理论

人口量值替换理论是对人口数量与人口质量变动的理论基础。贝克尔

（Becker）和巴罗（Barro）（1988）通过将消费者行为理论引入家庭人口的生育行为之中进行分析，从而创立了人口数量和质量的替代理论。其中很重要的一点在于贝克尔对孩子的成本进行了细分，将其分为数量成本和质量成本两个方面。其首先提出了“净成本”的概念，即父母为了养育孩子所投入的直接货币和时间的现价之和，减去孩子可以为家庭带来的货币和服务的现价，若该值为负值则说明孩子对于家庭来说带来了收益，是耐用生产品，此时家庭的决策行为不使用消费者行为理论。而当“净成本”为正的时候，孩子对于家庭来说就是消费品，此时就可以使用消费者行为理论进行解释。在这种情况下，该理论认为对于家庭的效用来说，孩子的数量和质量之间具有相互替代性，两者之间表现为负相关。这是首先是因为在家庭收入一定的情况下，数量多了则投入到每个孩子的抚养费用必然减少，这会导致孩子的质量降低；而要想质量提高，则必须增加单个孩子所能得到的资源，在收入一定的情况下，数量就必须减少。同时这种变动还受到孩子成本变动的影响，当孩子的数量成本相对于质量成本上升时，则家庭对于孩子数量的需求就会减少，相对地就会增加对于孩子质量和其他消费品的需求；而若孩子的数量成本相对于质量成本下降，则家庭对于孩子的数量需求就会增加，对质量的需求就会相对减小。

贝克尔（Becker）认为对于孩子的生育、抚养不仅需要花费父母的金钱还需要父母投入相应的时间，这部分在一定的社会经济水平下是相对固定的成本，每生一个孩子就需要支付与经济发展水平相当的固定支出，这个部分构成了孩子的数量成本。伴随着经济的发展与父母工资水平的提高，时间就越来越变成了家庭的稀缺资源，时间投入而带来的损失就越来越大，由此就导致了孩子数量成本的增加，家庭对孩子的数量需求减少。同时，孩子的质量成本指的是与数量无关的金钱和时间的投入，具有较大的弹性，其受到家庭收入和父母偏好的影响，具有较大的可变性。当孩子数量成本上升需求减少时，孩子的质量成本相对下降，因此父母对于孩子质量的需求就相对变大了。贝克尔的人口数量质量替换理论，解释了为何实际观察中并没有出现马尔萨斯关于人口指数增长的预言，一定程度上解释了人口变动的情况。

对于本书而言，该理论对我国当前所观察到的人口素质的提升和出生率下降相并行的现象做了解释。虽然该理论主要从微观家庭的角度对孩子数量和质量之间的选择做出研究，但其中包含了孩子质量所带来的收益对于孩子数量收益的一种替换。当其汇集成宏观现象时可能就会表现为人口质量所带来的收益对于人口数量收益的一种替换，这是值得本书在研究中加以着重观察的。

2.4 本章小结

本章首先对人口变动和经济增长的具体概念作了界定，然后针对人口变动相关理论、经济增长相关理论进行了梳理。

经济增长相关理论中，新古典经济增长理论为经济增长中物质资本、劳动力与技术进步的分析打下了基础。尤其在储蓄率内生以后，将人的行为选择通过储蓄率的选择和物质资本联系在了一起，为之后人口年龄结构要素对于储蓄率影响的分析提供了框架。而现代经济增长理论中则特别强调了人力资本对于经济增长的作用，为我国人口质量变动对于经济增长的影响机制分析提供了理论基础和支撑。

人口变动相关理论中，人口转变理论通过分析人口再生产变化，为人口数量的变化和人口年龄结构的变化提供了理论依据；而人口量质替代理论则说明了人口的数量和质量之间相互替代的关系，该理论表明当人口转变基本完成，人口再生产类型处于低位均衡的时候，人口质量会呈现出逐渐提升的趋势，为分析中国改革开放以后人口增长变慢和人口质量提升提供了基础。

3 人口变动对经济增长影响的机制

本章从理论的角度说明人口变动的数量、质量、结构三个方面通过何种机制对经济的运行和增长产生影响。

3.1 人口数量变动对于经济增长影响的机制

3.1.1 劳动力供给路径

在马克思理论中，“生产”具有较为宽泛的含义，恩格斯在《家庭、私有制和国家的起源》中指出“生产本身又有两种。一方面是生活资料即食物、衣服、住房以及为此所必需的工具的生产；另一方面是人自身的再生产，即种的繁衍”。在经济增长研究中则将目光聚集于生产和生活资料的生产之上，这种生产生活资料的生产通过物质资本和劳动力的集合来完成，这两者彼此相互依赖共同构成了生产生活资料的生产这一行为，因此要谈论其中一方面就必然要结合另一方面一起讨论。

《资本论》中曾经指出“不论生产的社会形式如何，劳动者和生产资料始终是生产的因素。但是，二者在彼此分离的情况下只在可能性上是生产因素”。这里所言的生产资料，在经济增长语境下就对应于物质资本。因此可以看出物质资本并不能简单地理解成厂房、机器和原料等客观世界的物质存在，只有其在和劳动力集合在一起，投入到生产生活资料的生产之中并最终形成产品时，这些客观世界的物质存在才能被称为物质资本，否则其就如同路边石头一样，不能对经济增长产生任何意义。从这个角度讲，是劳动力赋予这些物质存在以意义，让其成为物质资本。

同理，劳动者也不能简单地理解成自然界中的人口，只有其和物质资本结合在一起，投入到生产之中时，人口才能是真正意义上的劳动力。否则人口就只是单纯的人数而已，同样不能对经济增长产生意义。因此从这个角度看，正是与物质资本的结合，让人口成为了劳动力，从而对经济增长产生了意义和作用。

当物质资本过剩而劳动力稀缺时，就会产生过剩物质资本，其将无法找到劳动力与之结合，从而出现物质资本的闲置，此时其就只是单纯的物质存在而已，无法投入到生产之中，因此也就无法对经济增长产生任何意义。当劳动力过剩而物质资本稀缺时，就会出现过剩劳动力，其将无法找到对应的物质资本与其结合，此时其就只是单纯的人口数量而已，无法投入到生产之中，因此也就无法对经济增长产生作用，同时由于人口的存在是需要消费的，过剩的人口会加剧消费对经济增长带来一定的不利影响。可见，劳动力和物质资本两者无论是谁相对过剩都会产生浪费，只有两者充分结合才能最有效地促进经济增长。而这个能够充分结合的比例就是物质资本数量和使用这些物质资本的劳动力数量之间的比例关系，即资本技术构成。

因此当人口数量带来的劳动力供给大于物质资本所需劳动力数量时，会产生过剩人口，带来负担效应；当劳动力供给小于物质资本所需数量时，就会造成新增物质资本闲置，造成闲置浪费。只有人口数量带来的劳动力供给与物质资本基本符合资本技术构成时，经济中的要素利用才是充分的。

3.1.2　物质资本路径

1. 物质资本投资边际效用

但是，物质资本和人口数量的增长和变化方式并不一致。按照马克思主义政治经济学中生产资料部类优先增长理论，制造生产资料的生产资料生产是增长最快的，制造消费资料的生产资料生产次之，消费资料本身的生产增长是最慢的。而这些新生产出来的用于制造生产资料的生产资料会被用于下一轮的生产资料的生产之中，这就形成了使得生产资料的生产越来越快的正反馈循环。用经济增长理论的术语来说就是物质资本的增长速度是越来越快的。

同时，作为劳动力基础来源的人口，却有着自身的再生产模式。按照人口转变理论，伴随着经济社会的发展，人口的再生产类型会从早前的“高出生、高死亡、低增长”过渡到“高出生、低死亡、高增长”。在此阶段人口的增长速度提高，从而为劳动力的增长提供了保障，此时就从数量上为经济增长带来了有利因素。但是伴随着经济社会的进一步发展，人口的再生产类型就会从“高出生、低死亡、高增长”的模式变为“低出生、低死亡、低增长”的模式，此时人口的增长速度就会逐步降到很低，甚至出现负增长。而人口作为劳动力的源泉，其下降就会使得劳动力的供给同样面临增长停滞的问题。

因此，从长期的社会发展来看，一方面是物质资本越来越快地增长，另一方面是劳动力逐渐停滞地增长。当技术进步有限，资本有机构成的提高无法抹平两者增速差异时，劳动力的短缺就会使得新生产的物质资本无法找到劳动力结合，或者打破最佳的资本技术构成比例，让劳动力与失去当前最佳比例的资本结合，从而使得新增的物质资本无法投入或无法有效地投入到生产之中，从而带来物质资本投资回报率的下降。

虽然长期来看物质资本的增速会快于劳动力的增速，物质资本回报率的下降是必然的趋势，但是在一定历史时期内，却有可能出现劳动力过剩的情况。所谓劳动力过剩，就是当前社会的物质资本按照资本技术构成所需要的劳动力数量，小于人口数量所提供的可能劳动力数量。由此就会形成事实上的二元经济结构，一部分是劳动力与物质资本有效结合的现代生产部门，另一部分是劳动力无法和物质资本结合的落后部门。此时，现代生产部门新增的物质资本始终可以从落后部门中按照资本技术构成寻找到所需数量的劳动力，因此这些新增物质资本全都可以有效地投入到新的生产之中，从而使得物质资本投资的边际效用得以保持。

因此，人口数量可以通过劳动力的供给影响物质资本投资边际效用的变化情况，从而影响经济增长。

2. 物质资本投资边际效用影响物质资本积累

物质资本投资边际效用除了能直接反映生产过程中物质资本的使用效率，还会对物质资本的积累产生影响。

由上一节论述可知，当人口数量带来的劳动力供给大于需求时，企业扩大再生产时物质资本投资的边际效用不会递减，这会促使企业有更强的动力进行规模扩张以及进行物质资本的投资；而当人口数量带来的劳动力供给小于需求时，企业将扩大再生产，物质资本的边际效用就会开始下降，抑制企业的规模扩张动力，从而减少物质资本投资。

因此，人口数量会通过影响物质资本投资的边际效用，进而影响企业的物质资本投资动力，最终对经济增长产生影响。

3. 工资水平影响物质资本积累

同时，按照供求理论分析，当劳动力处于供过于求的状态时，企业就可以在几乎不增加工资的情况下找到更多的劳动力。当企业进行扩大再生产时，其工资成本所占的比例就不会增加，因此其就可以把更多的利润用于物质资本的投资之上，这就加快了物质资本的积累速度。反之，如果劳动力供小于求，当企业寻求扩大再生产时，其就需要以更高的工资水平来吸引新增劳动力，因此其投资中工资所占比例就会上升，能够用于物质资本投资的比例就会相应减小，这种挤出效应就会对物质资本的积累带来负面影响。因此人口数量可以通过影响劳动力的供应情况，从而影响工资水平，间接地影响物质资本的积累速度，最终对经济增长产生影响。

3.1.3 公共基础设施提高路径

人口数量变动还可以通过公共基础设施的路径影响经济增长。根据经济增长理论，决定一个国家经济水平的除了物质资本和劳动力投入，还有全要素生产率。而全要素生产率除了通过技术进步的方式增加，还可以通过更好的基础设施建设投资来实现。

公共基础设施是指诸如公路、铁路、桥梁、河道、电力等，相比于一般投入，公共基础设施具有很强的公共产品属性。其使用虽然具有拥挤性，但是总体上具有一定的非排他性和非竞争性，因此其投资带来的收益可以作用于全民。但是公共基础设施投资的资金 G 需要政府通过税收的形式从产出 Y 中按比例 τ 征收，即 $G = Y \cdot \tau$ 。因此最终能用于公共基础设施投资的资金受制于税率和产出的总量，其中税率 τ 在一定历史时期内具有一定的稳定性，不可能无限制提高。而总产出采用科布道格拉斯生产函数可以表示为：$Y = A K^{\alpha} L^{1-\alpha} = L \cdot A k^{\alpha}$ 。因此，代入公共基础设施投资资金的公式可以得到 $G = Y \cdot \tau = L \cdot A k^{\alpha} \cdot \tau$ 。可见，公共基础设施投资的资金多少就取决于人口数量所带来的劳动力数量、劳均物质资本和税率。在一个国家发展的早期阶段，劳均物质资本还处于较低的水平，此时如果人口数量庞大则其所带来的充足劳动力就会带来更多的公共基础设施投资资金，如果人口数量较少则公共基础设施投资资金也会相应缩减。因此人口数量还可以通过对公共基础设施投资总量来影响全要素生产率，进而对经济增长产生间接影响。

3.1.4 技术进步路径

技术进步指的是生产工艺的改进、中间产品种类的丰富、中间产品质量的提高以及资本有机构成的提高。其是影响经济增长的重要因素，特别是进入现代社会以来，技术进步与经济增长的关系越发密切。而技术进步的主要途径包括技术研发和技术引进两个方面。

第一，从技术研发角度来看。对于企业来说，技术研发是一个高风险的行为，这种高风险体现为研发完成所需时间不确定、研发所需资金总量不确定、最终能否取得预想的技术成果不确定。因此面对这样的高风险行为，企业必然需要衡量研发所能带来的收益是否足以抵偿其所冒的风险。对于企业来说，技术研发之所以能带来高收益，一个重要路径就在于通过新技术所生产的新产品，其可以在市场上起到类似“赢者通吃”的效果，当一个市场足够大时，企业通过新产品扩张的市场份额就会给企业带来巨额的回报，从而抵消其研发过程中的成本和巨大风险；而当一个市场规模不足时，即使企业通过新产品占领了全部市场，其所带来的回报，也无法抵消研发行为的成本和风险。研发带来收益的另一条路径在于降低既有产品的生产成本，由此企业可以在自身利润率不变的情况下，通过降低价格达到抢占市场份额，实现“赢者通吃”的效果，而其扩大自身份额所带来的收益是否足以弥补其研发投入，同样取决于市场规模的大小。当市场规模足够大时，企业就会预期更高的收益回报，用以抵消技术研发的成本和风险；当市场规模较小时，企业就会认为不存在足够的回报，以抵消其所负担的研发成本和风险。因此无论技术研发通过哪条路径生效，企业在进行技术研发的评估阶段，都会参考市场规模的大小对预期收益进行预估，收益越大则企业越倾向于进行技术研发。

第二，对于技术引进来说，存在着与技术研发类似的逻辑。这是因为技术引进一方面需要支付技术引进费用，另一方面需要投入资金进行现有生产资料的升级以适应引进的技术，这两者共同构成了技术引进的成本。面对是否进行技术引进问题时，企业也必然进行成本和收益的考察，同样只有足够大的市场规模才能抵消技术引进所消耗的成本，否则对于企业来说，其不如维持当下低水平的生产。

可见，无论是技术研发，还是技术引进，市场规模都是决定企业是否愿意进行投入的关键。而市场规模的大小则与人口数量的多少直接相关，即一个国家人口数量众多则市场规模就较大，一个国家的人口数量稀少则市场规模就较小。因此人口数量可以通过自身的规模效应影响企业在研发投入决策时的选择，进而影响技术进步，最终对经济增长产生影响。

同时科技研究具有公共属性，因此国家政府往往会有专门的科研投入，而庞大的劳动力市场使得一个国家和地区有条件在人均生产力水平还较低的情况下，聚集起较多的资金投入到研发之中。因此人口数量还可以通过国家税收的汇聚效应，积少成多地促进国家层面的科研投入，从而促进技术进步，影响经济增长。

3.2 人口质量变动对于经济增长影响的机制

本书所言的人口质量指的是通过教育带来的人口质量，即人力资本。因而此处人口质量的变动就是人力资本水平的变动。人力资本的概念自20世纪60年代由舒尔茨（schultz）提出以后，人力资本作用于经济增长这一观点就引起了学界的重视。本节对人口质量影响经济增长的各个路径进行说明（Schultz，1961）。

3.2.1 技术创新路径

新经济增长理论认为技术进步是长期经济增长的重要源泉，而技术进步需要通过技术创新和技术模仿来实现。因此技术创新是经济增长的重要动力，而人力资本与技术创新有着密切的关系。技术创新可以分为应用型技术创新和原型技术创新。

应用型技术创新，往往已经有了可以参照的过去的或者外国的技术，但是为了适应当前的或者本国的特殊环境，必须对技术进行“改造式”的创新。这种创新首先要求能够理解参照技术本身，唯有如此才能在完成创新活动中根据需要对原有技术进行改造，这对创新者的知识水平具有一定的要求。同时，光能看懂参照技术本身还不够，还需要理解参照技术的外部条件，即参照技术方案为何会如此这般的设计。例如，需要明确的是由于当时基础科技水平所决定，还是制造成本的限制，或者是目标使用人群的技能水平等，这样才能根据现有条件的变化做出改造，这就要求创新者同时明白技术的历史和现在。而对技术历史和现在的理解，往往不能从书本上习得，需要通过在生产过程中的积累习得，由此就对创新者在经验方面提出了很高的要求。

原型技术创新，则往往没有可以借鉴的技术方案，需要从基础科学理论知识开始，逐步构建出可以用于生产之中的技术原型。相比于应用技术的创新，原型技术创新少了一些历史包袱，因此对于经验的要求相对宽松，但是由于完全没有参照，需要从无到有地建立一个可用的技术方案，其对于创新者知识水平的要求则非常高。

第一，人力资本对于技术创新来说具有门槛效应。由于技术创新是一种在已有的技术基础上，拓展应用边界、改善技术效能、创造新技术的活动。因此只有建立在对已有技术和知识的充分理解和应用之上，才能有效地进行技术创新。由此就形成了人力资本对于技术创新的门槛效应，即当人力资本低于门槛时就无法进行任何的技术创新，只有当人力资本高于门槛时技术创新才会发生。在应用型技术创新和原型技术创新两个方面，门槛的表现形式不同，应用型技术创新由于对知识水平的人力资本要求相对较低，因此创新者更容易被经验积累方面的人力资本门槛所绊倒；而原型技术创新由于对知识水平要求极高，创新者则容易被教育形成人力资本门槛所绊倒。但是不论哪种技术创新，门槛都始终存在，只是具体门槛的表现形式不同，如果对应人力资本无法达到门槛要求，则相应的技术创新是不可能实现的。

第二，人力资本对于技术创新还有促进作用。因为技术创新从根本上是人通过思考完成的，因此对于人的思考能力具有决定作用的人力资本在技术创新过程中占据最重要的位置。即使在创新过程中可能会伴有物质的投入用于进行实验，但是其本质也是通过实验结果完善创新者的认知、增加创新者的经验，进而促进创新者的人力资本提高。因此，在技术创新过程中，人力资本处于核心地位。相比于人力资本较低者，人力资本高的创新者具有更高的知识水平、更强的学习能力、更多的经验。这使得其可以从更高的理论角度审视问题，从经验的对比中找到方案，并依靠自身更强的学习能力掌握创新过程中所遇到的新知识、新问题。因此其从事技术创新时更有可能产生成果，同时花费的研发时间也更少。

总之，在各类技术创新活动中，人力资本既是必须跨过的门槛，也是创新活动本身的推动力，对技术创新起到决定性作用，而技术创新又是经济增长的重要动力，因此人力资本就通过创新路径对经济增长产生了重要作用。

3.2.2 技术模仿路径

尼尔森（Nelson）和菲尔普斯（Phelps）（1966）于1966年提出了人力资本通过技术模仿作为中介对经济增长产生影响的作用机制。

其将技术分为最先进的理论技术T和实际生产之中所用到的实际技术A，那么实际生产中所用到的实际技术A通过模仿效应就会向着最先进的理论技术T前进，在该过程中实际生产中技术的进步速度取决于两点：其一，是实际技术A与最先进技术T之间的差异，这个差异越大则实际技术A的进步速度越快，反之则进步速度越慢；其二，能决定实际技术A进步速度的还有人力资本水平的高低，如果人力资本水平高则可以更快地模仿吸收最先进的理论技术，如果人力资本水平低则为了模仿吸收所用的时间就会变长。

根据以上假设，模型的形式就可以表示为：$\frac{\dot{A}(t)}{A(t)} = \varphi(h)\left[\frac{T(t) - A(t)}{A(t)}\right]$，$\varphi'(h) > 0$，$\varphi(0) = 0$，其中T（t）表示最先进的技术水平，A（t）表示生产中所用到的实际技术水平，$\varphi(h)$ 表示人力资本对于模仿效应的影响系数，其一阶导数大于零就表明该函数是关于人力资本h的增函数，即当实际技术水平和最先进技术水平之间的差距一定时，人力资本越大则实际技术水平的增长率越大，反之则实际越小。最极端的情况是，当人力资本水平为0时，则模仿效应函数 $\varphi(h) = 0$，此时无论现实技术与最先进技术之间的差距有多大，都无法通过模仿效应带来技术进步。若假设最先进的技术以 λ 的速率外生增长，即 $T(t) = T_0 e^{\lambda t}$，则通过稳态分析可以得到，若只通过技术模仿效应稳态的值为：$A^*(t) = \frac{\varphi(h)}{\varphi(h) + \lambda} \cdot T(t)$，可以看出 $0 < \frac{\varphi(h)}{\varphi(h) + \lambda} < 1$，且是人力资本水平的增函数，即当外生的最高水平技术的进步速率 λ 一定时，人力资本水平越高则通过模仿效应所可能达到的最大实际技术水平越高。计算稳态下实际技术水平对人力资本的弹性可以得到：$\frac{\partial \ A^*(t) / A^*(t)}{\partial \ h/h} = \left[\frac{h\varphi'(h)}{\varphi(h)}\right]\left[\frac{\lambda}{\varphi(h) + \lambda}\right]$，从该式可以看出若外生的最先进技术进步速率 λ 越大，则稳态实际使用技术关于

人力资本的弹性越大，即当最先进的技术水平进步越快，则人力资本提升对于稳态实际技术水平提升的促进作用越大。

因此，人力资本可以通过技术模仿效应影响生产劳动中实际使用到的技术水平的进步速度，从而影响生产效率，最终对经济增长产生影响。

3.2.3 要素路径

要素路径指的是人力资本可以产生于生产的过程之中，并在再生产时继续投入到生产活动中，从而对生产活动带来促进作用。伴随着生产活动的不断进行，在生产过程中积累的人力资本也会不断产生并积累，从而以更大的力量促进生产。其同物质资本一样对生产具有推动作用，是实现物质资本和劳动力投入效益最大化的必要条件。小卢卡斯（lucas jr.）在其1988年的论文中，研究了干中学形成的人力资本直接在生产活动中的效应，其对于干中学的人力资本增长方式定义为：$\dot{h}(t)=h(t)\cdot\delta\cdot Y$，其中Y表示生产的产品，$\delta$表示所生产产品Y的技术含量，h（t）表示干中学所获得的人力资本，从该式中可以看出人力资本在生产活动中不断累积，并且之前的经验可以使得人在学习新事物时更快，因此人力资本的增长速度会因为人力资本的存量增加而增加，即处于一个加速的过程。同时人们通过学校教育所习得的通用知识和技能，会帮助劳动者提升自身的学习能力和适应能力、缩短劳动者掌握新技能、学习新知识所需要的时间，从而加速干中学过程中人力资本的积累速度（Lucas，1988）。

并且人力资本投入到生产活动的时候，受教育水平高、专业素质强的人力资本会通过交流、培训、示范、带动、激励等方式产生溢出效应，带动周围人群和地区的人力资本提升，从而带来劳动生产率的提高，增加最终产出，或抑制其他要素的边际生产率下降，最终促进经济增长。根据卢卡斯对人力资本在生产中作用的理解，其将生产函数写为$Y=AK^{\alpha}[hL]^{1-\alpha}\bar{h}^{\gamma}$，其中h表示人力资本直接投入到生产中所带来的效益，而$\bar{h}^{\gamma}$则表示人力资本的溢出效益所带来的收益，因此这些新增的人力资本就会通过直接投入和溢出效应对经济增长助益。

3.3 人口年龄结构变动对于经济增长影响的机制

3.3.1 劳动力供给路径

人口年龄结构可以通过劳动力供给的路径对经济增长产生影响。劳动力的供给总量由劳动适龄人口数和劳动参与率共同决定。假设总人口数量为N，少儿抚养比为yd，老年抚养比为od，适龄人口劳动参与率为P，则总的劳动力供给数量为 $NP/(1+yd+od)$ 。其中人口总量是基础，抚养比则决定了人口总量中的劳动力，而劳动参与率则是最后决定劳动力数量的关键。

1. 人口年龄结构对适龄劳动人口数量的影响

总抚养比会直接对劳动力数量的供给产生影响。此处将总人口N分为劳动年龄人口 N_l 和非劳动年龄人口 N_f ，则 $N=N_l+N_f$ ，其中 N_l 为15岁到64岁的人口数，N_f 由0岁到14岁人口 N_y 和65岁及以上人口共同构成 N_o ，即 $N_f=N_y+N_o$ 。因此，总人口就为 $N=N_l+N_y+N_o$ 。在等式两边同时除以 N_l ，则可以得到 $\frac{N}{N_l}=1+\frac{N_y}{N_l}+\frac{N_o}{N_l}$ 。根据少儿抚养比的定义，其是少儿人口与劳动适龄人口的比，即 $yd=\frac{N_y}{N_l}$ ；根据老年抚养比的定义，其是老年人口与劳动适龄人口的比，即 $od=\frac{N_o}{N_l}$ 。代入式中可以得到 $\frac{N}{N_l}=1+yd+od$ ，然后通过移项可以得到劳动适龄人口为 $\frac{N_l}{N}=\frac{1}{1+yd+od}$ 。这意味着劳动适龄人口的比重取决于少儿抚养比和老年抚养比之和，即总抚养比的大小。当少儿抚养比上升，老年抚养比也上升，那么劳动适龄人口的比重就会下降；当少儿抚养比下降，老年抚养比也下降，那么劳动适龄人口的比重就会上升；当少儿抚养比下降，老年抚养比上升，且少儿抚养比下降的幅度大于老年抚养比上升的幅度，则劳动适龄人口的比重就会上升；当少儿抚养比下降，老年抚养比上升，但少儿抚养比下降幅度小于老年抚养比上升幅度，则劳动适龄人口比重就会下降；当少儿抚养比上升，而老年抚养比下降，且少儿抚养比的上升幅度小于老年抚养比的下降幅度，则劳动适龄人口比重就会上升；当少儿抚养比上升，而老年抚养比下降，且少儿抚养比的上升幅度大于老年抚养比的下降幅度，则劳动适龄人口的比重就会下降。由此可见，人口年龄结构的总抚养比的变动对劳动力数量产生了非常直接的影响，总抚养比的增加会直接减少适龄劳动人口的数量。

2. 劳动年龄人口结构对劳动参与率的影响

劳动适龄人口内部的年龄结构会对劳动参与率产生影响。不同年龄段的劳动人口，其劳动参与率也会因为年龄不同而不同。按照国际劳动组织的定义，15 岁到 24 岁的劳动年龄人口称为青年劳动力人口，25 岁到 44 岁的劳动年龄人口称为中年劳动力人口，45 岁到 64 岁的劳动年龄人口称为老年劳动力人口。青年劳动力人口多处于读书学习阶段，此时其更多的精力放在了人力资本的积累上，因此这种由于进行人力资本积累而造成的劳动参与率下降可以称为人力资本投资效应；同时青年劳动力人口的父母多在 35 岁到 50 岁之间，仍然非常年轻，身体条件和物质条件都较好，不需要青年劳动力人口承担抚养责任；另一方面，很多青年劳动力还尚未组建家庭，因此其自身尚无子女需要养育。因此青年劳动力上无赡养负担，下无育儿压力，可以更加自由地选择工作或不工作，由此也会造成青年劳动力的劳动参与率下降。

而中年劳动力人口则处于人生中体力、智力、心理和能力的巅峰时期，因此其劳动参与所获得的回报也是最大的，这种回报的激励作用会促使中年劳动力人口更多地选择参与到劳动之中，这是正面的激励效应。同时正由于其参与到劳动中时获取的回报最大，如果其不参与劳动，那么其隐性的沉没损失也是最大的，损失厌恶的心理也会促进中年劳动力人口具有更高的劳动参与率。同时中年劳动力的父母多数已退休，而其自身在组建家庭以后自己也有了儿女，因此其面临着“上有老，下有小”的境地，对老人的赡养和子女的养育责任，也会促进中年劳动力人口的劳动参与率。这些因素就使得中年劳动年龄人口具有最高的劳动参与率。

老年劳动年龄人口的身体状况处于下滑状态，其过去积累的知识技能也可能因为外部技术的进步而严重折旧，造成其寻找工作容易遇到年龄歧视，从而被迫退出劳动力市场。有时虽然可以找到工作，但收入往往不如壮年时，因此促进其继续参与劳动的正面促进和损失厌恶作用都不大，因此其会半主动地退出劳动力市场。而有的老年劳动力人口还可能已经满足退休政策从而退出了劳动力市场，还有一部分有养老金的老人则可能为了身体健康而主动地选择用休闲代替工作。这些因素加起来就使得老年劳动年龄人口的劳动参与率较低。

3. 影子贡献的影响

少儿抚养比与老年抚养比也会对劳动年龄人口的劳动参与率产生影响。少儿抚养比的增加，会增加劳动年龄人口的养育家务负担。此时往往需要有一人退出劳动力市场，转而专门负责家务，或者缩减劳动时间变相地减少劳动参与。因此少儿抚养比的增加会带来适龄劳动人口劳动参与率的下降。

老年抚养比的增加则存在不同，由于我国具有较强的代际纽带，老年人在自己退出劳动力市场以后往往会帮助自己的成年子女处理家务和帮带小孩，这就为其成年子女更多地参与到劳动之中提供了现实条件。这种老年人帮助成年子女照料家务的行为，从本质上看是代际时间的转移。根据相关研究来自老年人的隔代照料和家务帮扶可以提高已婚女性 24.3 个百分点以上的劳动参与率，并显著地增加已婚女性的周工作时间，且根据调查我国 73.29%的老人会为成年子女提供隔代照料（沈可 等，2012；黄国桂 等，2016）。因此老年抚养比的上升在合适的条件下，可以促进劳动适龄人口的劳动参与率上升，这是老年抚养比对于劳动参与率的影子贡献效应。而当老年人从低龄老年人步入高龄老年人时，其身体状况恶化使得其不但不能够再对成年子女提供家务帮助，甚至还需要成年子女来对其进行照料，此时就会对成年子女的劳动参与率产生负面影响，这是赡养负担效应。因此老年抚养比的增加具体是带来劳动参与率的增加还是下降，取决于哪一种效果更好。

3.3.2 物质资本路径

人口年龄结构还会通过资本的路径对经济增长产生影响。社会生产的一大要素就是物质资本，而物质资本的形成和积累需要通过投资来实现，而投资的最终来源则在于储蓄，而储蓄是收入减去消费的结果。因此储蓄和消费是一体两面的，总消费的占比增加则储蓄的占比就会减少，反之消费的占比减少则储蓄的占比就会增加。而人口的年龄结构的变化就可以通过对消费和储蓄的影响，来影响物质资本的积累。

根据生命周期理论，个人会理性地规划自己一生的收入，从而使得整个生命周期的效用最大化。该理论将人的生命分为少儿、成人、老年三个阶段，其中少儿阶段靠父母养育，自己没有任何收入；成年阶段有自己的收入，该收入被理性的个人分为自身消费、养育子女和养老储蓄三个部分，根据时间偏好程度在当期消费和储蓄用于未来消费之间进行权衡；老年阶段则完全依靠自己早年的储蓄进行消费。因此，在该理论下少儿阶段和老年阶段，人就是单纯的消费者不会带来储蓄；只有在成年阶段，即劳动适龄人口阶段，人才既是消费者又是生产者，才能够为了未来消费而进行储蓄。当劳动适龄人口比重增加时，储蓄就会相应增加，从而带动投资增加。反之，如果总抚养比增加，则消费就会增加，储蓄就会相应减少，从而使得物质资产的投资减少。因此劳动适龄人口占比与储蓄正相关，而少儿抚养比和老年抚养比与储蓄负相关。

抚养负担假说则从宏观的角度分析了人口抚养负担变化对储蓄率的影响。其认为人口年龄结构变化导致的抚养负担情况的变化会对储蓄率产生影响，劳动力的抚养负担越大，则储蓄越少；反之，劳动力的抚养负担越小，则储蓄越多，即储蓄与劳动力的抚养负担负相关。具体到出生率和死亡率的变化，这种影响在现代国家可以分为三种情况或三个阶段：当一国经济开始出现增长时，往往伴随着出生率的上升和死亡率的下降，此时人口的增长速度就会加快，少儿抚养比就会提高，从而导致少儿抚养负担加重，不利于储蓄增加。经济水平发展到一定程度以后，出生率就会开始下降，同时之前生育高峰逐步进入劳动年龄使得劳动适龄人口比重增加，从而导致少儿抚养负担减轻，对储蓄产生有利影响。而伴随着一国的人口再生产长期处于“低出生、低死亡、低自然增长率”的模式，其老年抚养比就会增加，导致老年赡养负担加重，也不利于储蓄的增加。

虽然不少研究支持从生命周期理论和抚养负担假说得到的结论。但是同时也有实证研究又发现老龄化与储蓄之间并不一定会表现出生命周期理论和抚养负担理论所预测的负相关关系，而是呈现出正向相关的关系（蒋云赟，2009；郑长德，2007；袁志刚 等，2000；汪伟，2010）。对此现象可以通过理性预期效应进行解释，即老龄化的预期又会使得人们刻意增加储蓄，从而保证退出劳动力市场后收入减少的情况下，生活不会受到大的影响。这种理性的预期效应则会带来储蓄率的增加。

从以上理论可以看出，人口年龄结构的变化会对消费和储蓄产生影响，进而影响到资本的投入和积累，并最终对经济增长产生影响。其中少儿抚养比和老年抚养比在生命周期理论和抚养负担假说下都会导致储蓄率的下降，但老年抚养比又会由于理性预期效应带来储蓄率的上升。

3.3.3 技术进步路径

人口年龄结构还可以通过技术进步路径对经济增长产生影响。人口年龄结构虽然不对技术进步产生直接的影响，但是却可以通过人力资本效应、劳动效率效应和人口抚养负担效应，对人力资本、劳动生产率和财政支出产生影响，进而对技术进步产生影响。

首先，人口年龄结构的变化可以对科研领域的人力资本产生影响，伴随年龄的增长，人的学习能力会相应地下降，这在变化迅速的科研领域会妨碍人力资本的积累，姚东旻等人通过中国的数据证实了这一点，并发现劳动年龄内部的年龄结构与创新之间呈现倒 U 形的关系（姚东旻 等，2017）。

其次，人口年龄结构还会对科研的工作效率产生影响。这里工作效率指的是科研工作所带来的成果和相应劳动投入的比值。从科研人员个人的角度看，其身体素质、认知能力会随着年龄的变化而变化，在青年时身体素质和认知能力最强，但是经验和知识尚处于积累阶段，因此工作效率被经验所累并不能达到最高；到了中年时，身体素质和认知能力趋于成熟稳定，同时经验和知识也非常丰富，因此工作效率最高；到了老年劳动者阶段，虽然经验和知识更加丰富，但是身体素质和认知能力都开始衰退，因此老年劳动者的工作效率又会有所下滑。

最后，人口年龄结构的变化还会对技术应用产生影响。由于劳动年龄人口所占比重的变化会影响劳动力供求关系，从而对劳动力成本产生影响，因此这会对劳动节约型技术的应用和普及产生影响。当劳动年龄人口比重上升时，劳动力供应增加，相应的单位劳动力成本下降，此时企业就会倾向于多用人少用机器；当劳动年龄人口比重下降时，劳动力供给相应减少，单位劳动力成本就会上升，此时企业就会倾向于采用自动化技术，这一方面会提高劳动生产的效率，另一方面也会促进劳动力节约型技术的研发。同时，由于人口老龄化导致的劳动力数量增长停滞甚至下降，过去单纯依靠要素聚集的增长方式不再可行，这会倒逼国家和企业转变增长方式，加大人力资本和研发投入，这是人口年龄结构老龄化对技术进步的倒逼效应。

同时，人口年龄结构的变化会导致国家养老开支的变化，伴随着老龄化程度的不断加深，养老开支就会不断增加，此时就可能会对科研投入产生挤出效应，从而妨碍科技进步。

总之，人口年龄结构的变动可以通过影响人力资本积累、科研工作效率、倒逼效应和挤出效应对技术进步产生影响。这些影响有的有利于技术进步，有的不利于技术进步，做出适当的取舍就有可能让负面作用变小，让正面作用变大。邓翔等人发现 OECD 国家通过国家和企业对老龄化的积极回应避免了老龄化对于技术进步的负面作用的案例，这就是积极应对得很好的例子（邓翔 等，2019）。

3.3.4 引入人口年龄结构的经济增长模型

本节采用拉姆塞模型的基本框架，由家庭和企业两个部分构成。通过在其中引入人口年龄结构和老年影子贡献因素，从家庭模型对于消费效益最大化的追求假设和企业生产决策的利润最大化追求假设，通过稳态分析和均衡分析，推导出包含人口年龄结构和老年人影子贡献因素的储蓄率影响机制和物质资本影响机制。

3.3.4.1 家庭储蓄决策模型

首先在世代交替模型的基础上，将个体生命周期扩展为三个阶段，用 i=1，2，3 分别表示少儿阶段、成人阶段和老年阶段。并进行如下 6 个假设：

假设 1. 当人处于少儿阶段的时候，只进行消费，不从事生产，且无法通过帮忙家务的形式对父母提供帮助，是纯粹的被抚养人口，其花费全部来源和决策都由父母提供和决定。

假设 2. 当人处于成年阶段，则根据就业率投入到生产劳动之中，开始创造财富；同时，假定其会按照少儿抚养比 yd 进行生育，且其父母一辈顺利活到成年时的数量为老年抚养比 od。因此，此段时间成年人需要负担 yd 个子女的养育责任和 od 父母的赡养责任。

假设 3. t 时期的成年人口，其所得的收入为 $w \cdot \eta \cdot \lambda$ ，其中 w 表示工资水平，而 η 表示无代际支持情况下劳动力的自然劳动参与率，而 λ 表示祖辈代际支持对劳动参与率的修正作用。

假设 4. t 时期的成年人的收入被分成四份：其一，用于抚养少儿期的子女，花费为 c_1 ；其二，用于自身的消费 c_2 ；其三，用于赡养老人，花费为 $c_3=\gamma c_{2,\ t+1}$（γ 表示老人消费中靠子女赡养的比例）；其四，用于储蓄 s ，

并假定利率为 R 。

假设5. 当人进入老年阶段后，就不再从事生产劳动，其总的消费支出为 $c_{2,\ t+1}$ 。其由成年阶段的存款和自身进入老年阶段后来自子女的赡养两部分构成。

假设6. 个体将花掉自己所有的储蓄，即假定不存在代际间的财富转移。

基于以上6条假设，可以得出代表性家庭中的消费决策行为的约束方程：

$$yd \cdot c_1 + c_2 + od \cdot c_3 + s = w \cdot \eta \cdot \lambda \tag{3-1}$$

$$s(1 + R) = (1 - \gamma)\ c_{2,\ t+1} \tag{3-2}$$

由（3-1）式和（3-2）式，可以得到个体跨期的总预算约束条件为：

$$yd \cdot c_1 + c_2 + od \cdot c_3 + \frac{(1 - \gamma)\ c_{2,\ t+1}}{1 + R} - w \cdot \eta \cdot \lambda = 0 \tag{3-3}$$

设定个体对于子女和父母存在利他主义的作用，即养育子女和赡养父母的花费同样会使得个体得到效用，因此对于个体来说其总的效用方程可以设定为：

$$U(c) = u(c_2) + \rho u(c_{2,\ t+1}) + \varphi \cdot yd \cdot u(c_1) + \varphi \cdot od \cdot u(c_3) \tag{3-4}$$

其中 ρ 是未来消费的贴现率，而 φ，φ 则分别是养育子女和赡养老人的利他主义因子，且 $0 < (\rho,\ \varphi,\ \varphi) < 1$。其中子效用函数采用对数形式，即 $u(c) = ln\ (c)$ 。由此问题就转化为在个体的跨期预算约束条件下，最大化总效用函数的问题，即：

$$MaxU(c) = u(c_2) + \rho u(c_{2,\ t+1}) + \varphi \cdot yd \cdot u(c_1) + \varphi \cdot od \cdot u(c_3) \tag{3-5}$$

$$s.\ t.\ \ yd \cdot c_1 + c_2 + od \cdot c_3 + \frac{(1 - \gamma)\ c_{2,\ t+1}}{1 + R} - w \cdot \eta \cdot \lambda = 0 \tag{3-6}$$

接着通过拉格朗日法求解该问题最大化所需满足的条件，首先根据（3-5）式和（3-6）式构造拉格朗日函数，并将 $c_3 = \gamma\, c_{2,\ t+1}$ 带入：

$$L(c_1,\ c_2,\ c_{2,\ t+1}) = ln(c_2) + \rho \cdot ln(c_{2,\ t+1}) + \varphi \cdot yd \cdot ln(c_1) + \varphi \cdot od \cdot ln(\gamma\, c_{2,\ t+1}) - \mu\left(yd \cdot c_1 + c_2 + od \cdot \gamma\, c_{2,\ t+1} + \frac{(1 - \gamma)\ c_{2,\ t+1}}{1 + R} - w \cdot \eta \cdot \lambda\right) \tag{3-7}$$

其中，μ 是拉格朗日乘子。根据拉格朗日法，最优化效用函数需满足如下条件：

$$\frac{\partial L}{\partial c_1}=0:\ c_1=\frac{\varphi}{\mu} \tag{3-8}$$

$$\frac{\partial L}{\partial c_2}=0:\ c_2=\frac{1}{\mu} \tag{3-9}$$

$$\frac{\partial L}{\partial c_{2,t+1}}=0:\ c_{2,t+1}=\frac{\rho+\varphi\cdot od}{\mu\left(od\cdot\gamma+\frac{1-\gamma}{1+R}\right)} \tag{3-10}$$

$$\frac{\partial L}{\partial \mu}=0:\ yd\cdot c_1+c_2+\gamma\cdot od\cdot c_{2,t+1}+\frac{(1-\gamma)\ c_{2,t+1}}{1+R}=w\cdot\eta\cdot\lambda \tag{3-11}$$

将（3-9）式，带入到（3-8）式、（3-10）式就得到了 c_1，$c_{2,t+1}$ 关于 c_2 的表达式：

$$c_1=\varphi\cdot c_2\ ,\ c_{2,t+1}=\frac{\rho+\varphi\cdot od}{od\cdot\gamma+\frac{1-\gamma}{1+R}}\cdot c_2 \tag{3-12}$$

再带入到（3-11）式之中，整理后得到：

$$c_2=w\cdot\frac{\eta\cdot\lambda}{1+\varphi\cdot yd+\varphi\cdot od+\rho} \tag{3-13}$$

然后将（3-13）式带入到（3-12）式之中，然后再带入到（3-2）式里，整理后就可以得到储蓄率的表达式为：

$$\begin{aligned} s&=\frac{1-\gamma}{1+R}\cdot\frac{\rho+\varphi\cdot od}{od\cdot\gamma+\frac{1-\gamma}{1+R}}\cdot c_2 \\ &=\frac{(1-\gamma)(\rho+\varphi\cdot od)}{1+od\cdot\gamma+od\cdot\gamma\cdot R-\gamma}\cdot\frac{w\cdot\eta\cdot\lambda}{1+\varphi\cdot yd+\varphi\cdot od+\rho} \end{aligned} \tag{3-14}$$

出于简化目的，由于 $0<(R,\ \gamma)<1$，因此当 γ，R 较小的时候，则 s 可以近似地写为：

$$s=(\rho+\varphi\cdot od)\cdot\frac{w\cdot\eta\cdot\lambda}{1+\varphi\cdot yd+\varphi\cdot od+\rho} \tag{3-15}$$

3.3.4.2 引入人口年龄结构的企业决策模型

为了将人口年龄结构引入传统 MRW 模型之中进行扩展，本节进行如下假定。

假定 1. 采用科布道格拉斯生产函数的形式：即 $Y=K^{\alpha}\ (AL)^{1-\alpha}$ ，其中

A 表示技术水平，L 为实际参与到生产之中的劳动力，K 为生产中投入的物质资本。

假定 2. 国内为开放市场，即各要素可以自由流动。

假定 3. 不考虑外国市场。

假定 4. 假定物质资本的利率为 r，工资水平为 w。

首先，求解全社会的总储蓄水平。在以上四条假定下，企业的利润 π 可以表示为：

$$\pi = K^{\alpha}\,(AL)^{1-\alpha} - rK - wL \tag{3-16}$$

当企业的利润最大化的时候，其应该满足如下一阶条件：

$$\frac{\partial\ \pi}{\partial\ K} = 0：\ \alpha K^{\alpha-1}\,(AL)^{1-\alpha} = r \tag{3-17}$$

$$\frac{\partial\ \pi}{\partial\ L} = 0：\ (1-\alpha)\,K^{\alpha}A^{1-\alpha}L^{-\alpha} = w \tag{3-18}$$

对（3-17）式进行变形移项可以得到：

$$K = \left[\frac{r}{\alpha\,(AL)^{1-\alpha}}\right]^{\frac{1}{\alpha-1}} \tag{3-19}$$

将（3-19）式带入到（3-18）式之中，就可以得到：

$$(1-\alpha)\left[\frac{r}{\alpha\,(AL)^{1-\alpha}}\right]^{\frac{\alpha}{\alpha-1}}A^{1-\alpha}L^{-\alpha} = w \tag{3-20}$$

将（3-19）式带入生产函数则得到：

$$Y = \left[\frac{r}{\alpha\,(AL)^{1-\alpha}}\right]^{\frac{\alpha}{\alpha-1}}(AL)^{1-\alpha} \tag{3-21}$$

基于上一节中家庭储蓄决策模型所得到的储蓄率，将（3-20）式带入到（3-15）式之中，然后再乘以实际参与劳动的人数 L，再除以总的产出就可以得到全社会的总储蓄为：

$$S = \frac{L\cdot s}{Y} = \frac{(1-\alpha)\cdot(\rho+\varphi\cdot od)\cdot\eta\cdot\lambda}{1+\varphi\cdot yd+\varphi\cdot od+\rho} \tag{3-22}$$

然后，为在模型之中引入劳动适龄人口内部年龄结构的影响。假设社会的总人口数为 N，老年抚养比和少儿抚养比分别为 od 和 yd，N_l 为劳动适龄人口的数量，L 为实际参与劳动的人数，则可以得到 $N = N_l(1+yd+od)$；$L = \eta\lambda N_l = \frac{\eta\cdot\lambda\cdot N}{1+yd+od}$，其中 η 为适龄人口自然劳动参与率，其表示在没有老年人代际支持的情况下的人口劳动参与率；而 λ 表示老年人代际支持对于劳动适龄人口的劳动参与率的修正作用。为反映劳动适龄人口内部的年龄结构，进一步将人口的自然劳动参与率表示为 $\eta = \frac{\sum_{i=15}^{64} p_i \eta_i}{P} = \sum_{i=15}^{64} r_i \eta_i$，其中 r_i 表示劳动适龄人口中对应年龄所占的比例，η_i 表示第 i 岁组的人口自然劳动参与率，p_i 表示第 i 岁组的劳动适龄人口数量，而 P 则表示总的 15 到 64 岁人口数。

接着，引入少儿消费系数 ζ_1 和老年消费系数 ζ_2，从而反映人口年龄结构对于消费和投资的影响。由此少儿的总消费 Y_{yd} 就等于少儿消费系数，乘以少儿在人口中占比，再乘以总产出；老年人的总消费 Y_{od} 就等于老年消费系数，乘以老年人在人口中的占比，再乘以总产出。即：

$$Y_{yd} = \frac{\zeta_1 \cdot yd}{1 + yd + od} \cdot Y \tag{3-23}$$

$$Y_{od} = \frac{\zeta_2 \cdot od}{1 + yd + od} \cdot Y \tag{3-24}$$

为计算方便，本书假设少儿消费系数和老年消费系数相等，即 $\zeta_1 = \zeta_2$。

3.3.4.3　稳态求解

引入人口年龄结构和劳动适龄人口内部年龄结构之后，生产函数变为：

$$Y = K^\alpha (AL)^{1-\alpha} = K^\alpha \left(A \cdot \lambda \cdot \frac{N}{1 + yd + od} \cdot \sum_{i=15}^{64} r_i \eta_i\right)^{1-\alpha} \tag{3-25}$$

同时资本积累函数表示为：

$$\dot{K} = S(Y - Y_{yd} - Y_{od}) - \delta K \tag{3-26}$$

其中 δ 表示物质资本的折旧率。通过（3-23）式和（3-24）式带入（3-27）式进一步将物质资本积累方程变形为：

$$\dot{K} = S(Y - Y_{yd} - Y_{od}) - \delta K = S\left(1 - \frac{\zeta_1 \cdot yd + \zeta_2 \cdot od}{1 + yd + od}\right) Y - \delta K \tag{3-28}$$

此式即为总的物质资本积累方程，下面推导人口年龄结构和劳动适龄人口内部年龄结构对于人均有效产出的影响。首先劳均有效物质资本可以表示为：

$$k=\frac{K}{AL}=\frac{K}{A(\lambda\cdot\frac{N}{1+yd+od}\cdot\sum_{i=15}^{64}r_i\eta_i)}=\frac{K(1+yd+od)}{A\cdot\lambda\cdot N\cdot\sum_{i=15}^{64}r_i\eta_i} \tag{3-29}$$

对（3-29）式的两边同时取对数，然后求导可以得到：

$$\frac{\dot{k}}{k}=\frac{\dot{K}}{K}+\frac{\dot{yd}+\dot{od}}{1+yd+od}-\frac{\dot{A}}{A}-\frac{\dot{\lambda}}{\lambda}-\frac{\dot{N}}{N}-\frac{\dot{\sum_{i=15}^{64}r_i\eta_i}}{\sum_{i=15}^{64}r_i\eta_i} \tag{3-30}$$

设技术变化率、人口增长率、影子贡献变化率、分年龄组的劳动参与率分别为：$\frac{\dot{A}}{A}=g$，$\frac{\dot{\lambda}}{\lambda}=m$，$\frac{\dot{N}}{N}=n$，$\frac{\dot{\sum_{i=15}^{64}r_i\eta_i}}{\sum_{i=15}^{64}r_i\eta_i}=u$，其中总自然劳动参与率的变化率由各年龄组人口占比的变化和分年龄组自然劳动参与率的变化共同决定。然后将（3-28）带入（3-30）式，可以得到：

$$\frac{\dot{k}}{k}=\frac{S\left(1-\frac{\zeta_1\cdot yd+\zeta_2\cdot od}{1+yd+od}\right)Y-\delta K}{K}-(g+m+n+u-\frac{\dot{yd}+\dot{od}}{1+yd+od}) \tag{3-31}$$

而有效人均产出 $y=\frac{Y}{AL}=\frac{Y}{K}\cdot\frac{K}{AL}=\frac{Y}{K}\cdot k$，因此由（3-31）式移项可得有效劳均物质资本存量的积累方程为：

$$\dot{k}=\frac{(1-\alpha)\cdot(\rho+\varphi\cdot od)\cdot\eta\cdot\lambda}{1+\varphi\cdot yd+\varphi\cdot od+\rho}\cdot\left(1-\frac{\zeta_1\cdot yd+\zeta_2\cdot od}{1+yd+od}\right)y-(g+m+n+u+\delta-\frac{\dot{yd}+\dot{od}}{1+yd+od})k \tag{3-32}$$

对比索罗斯旺模型的资本积累方程 $\dot{k}=Sy-(n+g+\delta)k$，可以看到其中来自人口年龄结构变动通过对储蓄率、实际投资和持平投资施加影响，而最终影响平衡增长路径。

3.3.4.4 均衡分析

1. 人口年龄结构对储蓄率的影响

在考虑人口年龄结构的家庭消费模型中，个人根据自身生命周期做出消费和储蓄决策，让其一生的消费效用最大化。由于个体在少儿、成年、老年阶段在劳动、消费和储蓄上存在差异，因此年龄结构对于储蓄率就产生了影响。根据计算，最后得到社会总的储蓄率为$S=\frac{(1-\alpha)\cdot(\rho+\varphi\cdot od)\cdot\eta\cdot\lambda}{1+\varphi\cdot yd+\varphi\cdot od+\rho}$，其中$0<\alpha,\ \rho,\ \varphi,\ \varphi,\ \eta<1,\ 1<\lambda$。可以看出在少儿抚养比和老年抚养比会对社会的总储蓄率产生影响。

为了考察老年抚养比变化和少儿抚养比变化对于储蓄率的影响，首先假定利他主义因子、贴现率、自然就业率和代际支持修正因子恒定，分别对老年抚养比和少儿抚养比求偏导，$\frac{\partial S}{\partial od}=\frac{(1+\varphi\cdot yd)\cdot\varphi\cdot(1-\alpha)\cdot\eta\cdot\lambda}{(1+\varphi\cdot yd+\varphi\cdot od+\rho)^2}>0$，$\frac{\partial S}{\partial yd}=-\frac{(1-\alpha)\cdot(\rho+\varphi\cdot od)\cdot\eta\cdot\lambda\cdot\varphi}{(1+\varphi\cdot yd+\varphi\cdot od+\rho)^2}<0$。其中对少儿抚养比的偏导数小于零，这说明少儿抚养比的增加会使得社会总储蓄率下降。而社会总储蓄率对老年抚养比的偏导数大于零，这表明当其他条件不变时，老年抚养比的上升会促进社会总储蓄率的上升。为进一步分析老年抚养比对于储蓄率的变化，求储蓄率对于老年抚养比的二阶偏导数为$\frac{\partial^2 S}{\partial od^2}=-\frac{2\cdot(1+\varphi\cdot yd+\varphi\cdot od+\rho)\cdot\varphi}{(1+\varphi\cdot yd+\varphi\cdot od+\rho)^4}<0$，其二阶偏导数小于零，则说明伴随老年抚养比的升高，其边际效用在不断下降，也就是说，在老年抚养比较低的时候，老年抚养比的提升对于储蓄率的提升作用较大；但是到老年抚养比较高的时候，老年抚养比再提升时对于储蓄率的提升作用就较小。

从模型推论的结果和现实实证研究的对比角度来看。首先，实证研究中少儿抚养比的增加会导致储蓄率的下降的结论各个学者比较一致，例如蒋云赟等人通过对我国数据的实证研究，结果均发现储蓄率与少儿抚养比负相关，即少儿抚养比的提高会降低储蓄率（蒋云赟，2009；郑长德，2007；王德文等，2004）。但是，实证研究中老年抚养比与储蓄率之间的关系，实证结论之间并没有一个统一的结果。有的学者的实证结论指向老年抚养比和储蓄率之间负相关，即老年抚养比的提高会降低储蓄率（王德文等，2004）；而有的学者的实证结果则发现老年抚养比与储蓄率之间正相关，即老年抚养比的提高会增加储蓄率（汪伟，2010；蒋云赟，2009；郑长德，2007）。我国储蓄率和老年抚养比的实证结果之间的这些差异，可能是农村和城市的二元经济体系导致。这也在一些实证研究中有所反映，例如王麒麟和赖小琼（2012）对我国 1999 年到 2009 年的省际面板数据分析中，发现对于农村地区来说老年抚养比与储蓄率负相关，而城市地区的老年抚养比和储蓄率正相关。因此本书认为此处所使用的模型更加适合于对我国城市所代表的生产关系进行模拟。而伴随着我国经济的发展，城市化水平必然越来越高，逐步成为主流，因此该模型的结论对未来更加具有指导意义。

同时，劳动适龄人口内部的年龄结构变化会对其总和的自然劳动参与率（即 $\eta = \frac{\sum_{i=15}^{64} p_i}{P} = \sum_{i=15}^{64} r_i \eta_i$）产生影响。这是因为自然劳动参与率在不同年龄之间有所不同导致的，一般来讲自然劳动参与率随着年龄的变化而呈现出倒 U 型，即中间年龄段的劳动参与率高，而两头的劳动参与率低。因此，劳动适龄年龄人口中如果中间年龄段的人口占比增加，则会导致总的自然劳动参与率增加，由社会总储蓄的推导结果 $S = \frac{(1-\alpha) \cdot (\rho + \varphi \cdot od) \cdot \eta \cdot \lambda}{1 + \varphi \cdot yd + \varphi \cdot od + \rho}$，可以看出这会导致社会总的储蓄率增加。

2. 人口年龄结构对实际投资的影响

引入人口年龄结构后，从上节推导结果可以看出，索罗模型下的实际投资 $S \cdot y$ 就变成了 $S \cdot \left(1 - \frac{\zeta_1 \cdot yd + \zeta_2 \cdot od}{1 + yd + od}\right) y$，其中 S 为社会总储蓄率，y 为有效劳均产出。此处对人口年龄结构变化对于实际投资的影响进行比较静态分析，令年龄消费结构 $D = \left(1 - \frac{\zeta_1 \cdot yd + \zeta_2 \cdot od}{1 + yd + od}\right)$，并分别对 yd 和 od 求偏导并代入前文假设 $\zeta_1 = \zeta_2$，可以得到：$\frac{\partial D}{\partial od} = \frac{(\zeta_1 - \zeta_2) \cdot yd - \zeta_2}{(1 + yd + od)^2} = \frac{-\zeta_2}{(1 + yd + od)^2} < 0$，$\frac{\partial D}{\partial yd} = \frac{(\zeta_2 - \zeta_1) \cdot od - \zeta_1}{(1 + yd + od)^2} = \frac{-\zeta_1}{(1 + yd + od)^2} < 0$。这就意味着，当老年抚养比和少儿抚养比降低，劳动适龄人口比例上升的时候，消费结构的变化会对社会的实际投资产生促进作用；反之，若老年抚养比和少儿抚养比升高，劳动时候人口比例下降，则消费结构的变化对社会总实际投资产生抑制效用。

当少儿抚养比下降的时候，储蓄率上升对实际投资产生促进作用，消费结构的变化同样对实际投资产生促进作用，因此少儿抚养比的下降就带来了实际投资的增长；当老年抚养比上升的时候，储蓄率上升对实际投资产生促进作用，而消费结构的变化则会对实际投资产生抑制作用，最后实际投资的变化就取决于两个相互抗衡的作用谁的力量更强。

3. 人口年龄结构对持平投资的影响

在引入人口年龄结构后，持平投资就从索罗模型下的 $(n+g+\delta)k$ 变为了 $(g+m+n+u+\delta-\frac{\dot{yd}+\dot{od}}{1+yd+od})k$，其中 $u=\frac{\sum_{i=15}^{64} r_i\dot{\eta}_i}{\sum_{i=15}^{64} r_i\eta_i}$。可见持平投资除了受技术进步率、代际支持效用变化率、人口增长率以及资本折旧的影响之外，还受到总抚养比的变化率和劳动参与率的变化率的影响。

第一，当总抚养比的增长率下降时，持平投资会上升，而持平投资上升会使得曲线的斜率变大，这意味着社会需要更多的新增资本才能满足新增劳动力的需求。即，新增劳动力摊薄了之前的人均资本增量，由此就会降低人均产出，此效应会对经济增长带来抑制作用。因此，虽然少儿抚养比下降的时候会促进实际投资，但是少儿抚养比的变化速率下降，即下降速度变快，却会拉高持平投资，由此有效劳均物质资本的增速将取决于两种效果的大小。而老年抚养比在上升的时候，对实际投资的作用就由两股对抗的力量所决定，此时若老年抚养比的增速在下降，则对于有效劳均物质资本的变化，就再引入了持平投资上升的，引入了新的抑制作用。由此可以看出抚养比的变化所产生的经济效果，和抚养比增速变化所产生的经济效果并不一致。

第二，劳动适龄人口内部的年龄结构变化所导致的总劳动自然参与率的增速的变化也会对持平投资产生影响。当总的劳动自然参与率的增速上升时，其会产生类似的摊薄效应，即社会需要更多的物质资本投入才能满足新增劳动力的需求，否则就会带来人均有效物质资本的下降，对经济增长产生抑制作用。由此可以看出与抚养比的变化和抚养比增速的变化之间的关系类似，劳动适龄人口内部的年龄结构变化所导致总劳动自然参与率的变化和其增速的变化，所导致的经济效果并不一致。

不过具体到实际情况的分析时，人口年龄结构的变化在一定时期内往往具有很强的惯性，比如少儿抚养比在前一年还下降，那么今年不太可能突然就开始增长，而是表现为少儿抚养比的下降速度逐渐减少，直到为零以后，才可能缓慢地开始增长。因此人口年龄结构增速的变化速率往往是很低的，其对持平投资的影响可能只能在理论分析中被人所关注，在对实际经济进行短时分析时往往可以近似地假设持平投资不受人口年龄结构变化的影响。

4. 人口年龄结构对有效劳均资本均衡值的影响

与索罗斯旺模型类似，当模型处于稳态时，有效劳均资本的变化速度 $\dot{k}=0$，设此时有效劳均资本的恒定值为 k^*，该值由实际投资曲线 $\frac{(1-\alpha)\cdot(\rho+\varphi\cdot od)\cdot\eta\cdot\lambda}{1+\varphi\cdot yd+\varphi\cdot od+\rho}\cdot\left(1-\frac{\zeta_1\cdot yd+\zeta_2\cdot od}{1+yd+od}\right)y$ 和持平投资曲线 $(g+m+n+u+\delta-\frac{\dot{yd}+\dot{od}}{1+yd+od})k$ 的焦点位置所决定，如图 3-1 所示。

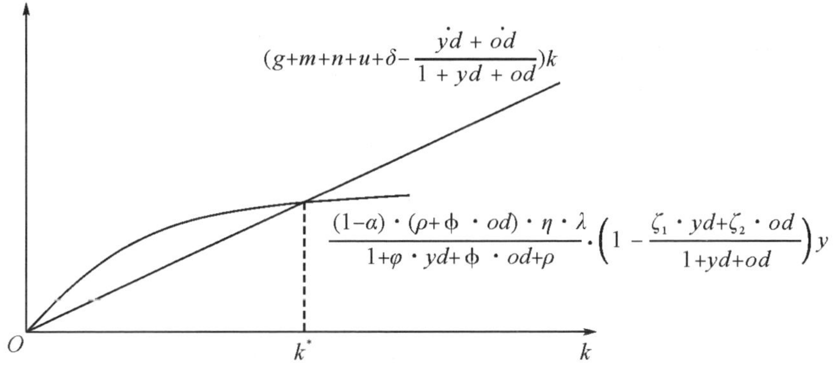

图 3-1　稳态有效劳均资本的决定机制

接下来先分析劳动适龄人口内部年龄结构变化，对于稳态有效劳均物质资本的影响。当劳动适龄人口内部的年龄结构老化，产生不利于总的劳动自然参与率的变化时，假设总的自然劳动参与率从初始时的 η_0，以恒定的速度 u 下降为结束时的 η_1，$\eta_0>\eta_1>0$。那么实际投资会由于自然劳动参与率的下降而受到抑制，从而也会下降；持平投资则由于下降速度本身没有变化，而保持不变。此时稳态有效劳均物质资本就会从 k_0^* 下降到 k_1^*，如图 3-2 所示。

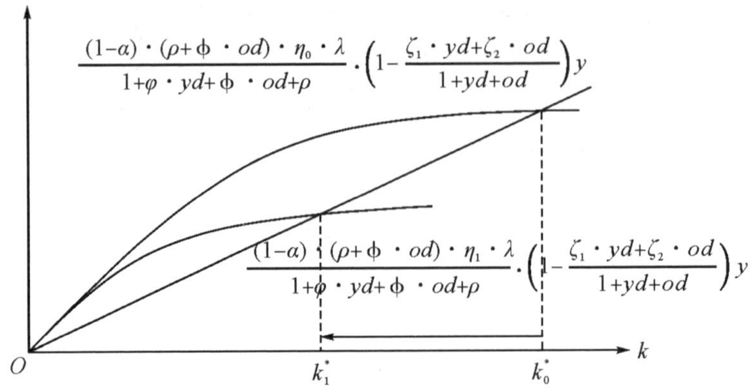

图 3-2　总自然劳动参与率匀速下降时对稳态劳均资本的影响

此时如果劳动适龄人口内部的年龄结构出现改善趋势，使得总劳动自然参与率的下降速度 u_0 ，减缓为了 u_1， $u_0 < u_1 < 0$。那么该效果会使得持平投资曲线的斜率从（$g+m+n+u_0+\delta-\frac{\dot{yd}+\dot{od}}{1+yd+od}$）上升到（$g+m+n+u_1+\delta-\frac{\dot{yd}+\dot{od}}{1+yd+od}$），由此会使得稳态劳均物质资本从 k_1^* ，进一步减小到 $k_1^{*'}$，如图 3-3 所示。

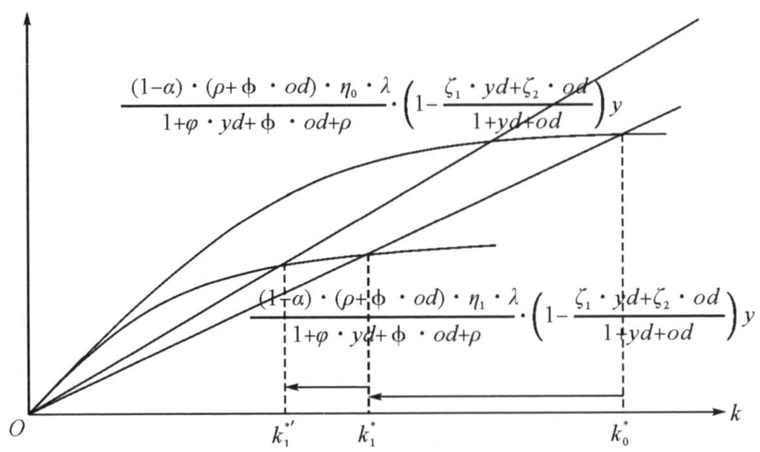

图 3-3　当劳动适龄人口内部年龄结构
刚开始出现改善趋势时对稳态劳均物质资本的影响

因此，当劳动适龄人口内部年龄结构开始出现改善的时候，需要注意刻意地加大物质资本投资，用以对冲摊薄效应时所带来的劳均物质资本下降所引发的问题。从更长的时间维度来看，劳动适龄人口内部年龄结构的改善会止住实际投资水平的下降趋势，从而最终从根本上解决稳态劳均资本下降的问题。

5. 老年人代际支持对劳动参与率修正系数对于稳态劳均物质资本的影响

从有效劳均物质资本积累方程可以得知，老年人代际支持对劳动参与率的修正系数 λ 会通过对实际投资 $\frac{(1-\alpha)\cdot(\rho+\varphi\cdot od)\cdot\eta\cdot\lambda}{1+\varphi\cdot yd+\varphi\cdot od+\rho}\cdot\left(1-\frac{\zeta_1\cdot yd+\zeta_2\cdot od}{1+yd+od}\right)y$ 的影响，最终对稳态劳均资本产生影响。代际支持对劳动参与率的修正系数会受到文化、经济、社会、制度的影响，当环境适于老年人为子女提供代际支持时则该系数较大；反之，当环境变得不适于老年人为子女提供代际支持时，例如老人与子女同住的比例减少，则该系数就会变小。

此处假设，代际支持修正系数从 λ_0，增加到 λ_1 时，则实际投资就会从 $\frac{(1-\alpha)\cdot(\rho+\varphi\cdot od)\cdot\eta\cdot\lambda_0}{1+\varphi\cdot yd+\varphi\cdot od+\rho}\cdot\left(1-\frac{\zeta_1\cdot yd+\zeta_2\cdot od}{1+yd+od}\right)y$ 增加到 $\frac{(1-\alpha)\cdot(\rho+\varphi\cdot od)\cdot\eta\cdot\lambda_1}{1+\varphi\cdot yd+\varphi\cdot od+\rho}\cdot\left(1-\frac{\zeta_1\cdot yd+\zeta_2\cdot od}{1+yd+od}\right)y$。同时，持平投资保持不变。此时稳态有效劳均资本就从 k_0^*，上升到了 k_1^*，如图 3-4 所示。

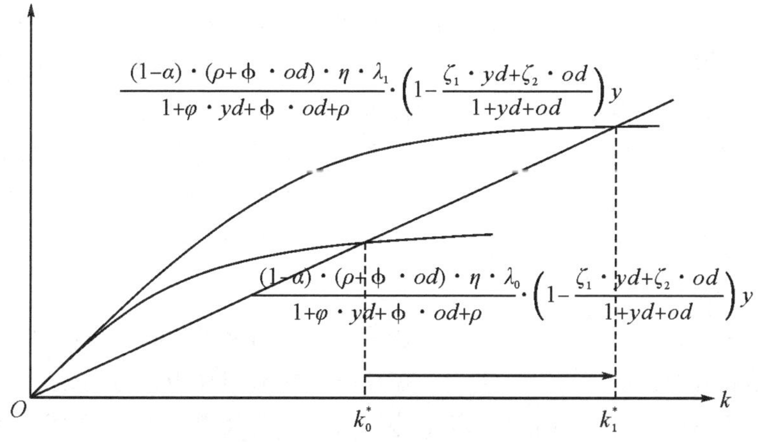

图 3-4　当老年人代际支持劳动参与率修正系数变大时稳态有效劳均物质资本影响

3.4 本章小结

本章对人口在数量、质量和年龄结构三个方面的变动对于经济增长的影响机制进行了理论上的阐述和分析，并将老年人影子贡献引入了数理模型的分析之中。

首先，人口数量上的变动可以通过影响劳动力的供给、物质资本的积累、公共基础设施的投资和刺激技术进步的方式对经济增长产生影响。在以上影响机制中，对劳动力数量的供给的影响是人口数量变动产生影响的根本机制。因为人口的数量是劳动力的源泉，该机制直接作用和决定了生产中的核心要素——“劳动力”的供给；而物质资本路径则是通过劳动力供给情况的变化，影响物质资本投资的边际效应，进而影响经济增长。因此物质资本路径影响本质上还是来自于劳动力供给的变动，因此人口数量变动的物质资本路径是围绕着其劳动力供给路径所产生的衍生机制；而公共基础设施路径和技术进步路径，两者在本质上可以视为都由规模效应所产生。这种规模效应可以从两个方面来理解：其一，表现为投资的规模效应，即由于公共基础设施的修建需要伴随巨大的投资，因此庞大人口数量有利于在人均收入不高的国家聚集起足够大的投资进行基建的改善；其二，表现为市场的规模效应，即市场规模决定了企业进行研发决策时的收益预期，进而对技术投入产生影响。投资和市场的规模效益，一方面为生产提供了有利条件，另一方面从消费的角度带来了刺激，虽然两者都对生产具有间接作用，但其本身并不是生产，因此只能属于辅助性质的路径。

其次，人口质量变动可以通过技术创新路径、技术模仿路径，以及要素路径对经济增长产生影响。其中技术创新路径和技术模仿路径两者都来自人口质量对于生产率进步的影响；而要素路径则是因为人口质量本身也是生产过程中重要的基本要素，是人口能加入由现代技术构成的生产过程中的必要条件。

最后，人口年龄结构则可以通过劳动力供给路径、物质资本路径和技术进步路径对经济增长产生影响。在这三种影响路径中，劳动力供给路径和物质资本路径是核心路径。其中劳动力供给路径中包含了劳动适龄人口内部的年龄结构和抚养比两个维度的变化。这种变动会对劳动力的参与率和参与人数产生影响，因此该路径会直接作用于“劳动力”这一生产中的要素，是根本性的路径；而物质资本路径，则是通过储蓄对生产中的物质资本投资产生影响；技术进步路径，则会从人力资本、财政挤占效应和劳动力边际成本等方面影响技术研发的投入，从而对技术进步带来影响。可见人口年龄结构的物质资本路径和技术进步路径的分析都需要结合劳动力的相对数量或质量来进行，因此两者都是劳动力供给路径的辅助路径。

特别地，在人口年龄结构部分的分析中，本章对老年抚养比进行了专门分析，指出由于老年人可以通过代际时间转移的方式影响劳动适龄人口的劳动参与率，而少儿则没有这个效果，因此老年抚养比和少儿抚养比对于经济增长的影响方式是不同的。由此引出了老年人的影子贡献效应，并将其纳入数理模型之中进行了理论分析。

4 中国人口变动对经济可持续增长影响的现状与经验分析

本章从数量、质量和年龄结构三个方面对当前中国人口变动与经济增长所面临的现状和影响进行梳理和分析。

4.1 人口数量变动与经济可持续增长

4.1.1 我国人口数量变动的现状

1. 劳动力数量视角

首先，让我们通过各个口径劳动力的绝对数量及其变化趋势进行考察，来对我国当前的人口数量变动现状做个了解。

如果以“15—64 岁年龄人口数”作为衡量劳动人口的标准，如图 4-1 显示，我国劳动年龄人口的数量在 2013 年以前虽然呈现出持续的增长状态，但是增速总体上却是持续下降的。从图 4-1 中可以看到，我国 15-64 岁人口数量在 2010 年之后，增速显著下降，非普查年份从 2006 年到 2009 年的 0.8%以上的年均增速，转入到 2011 年开始的 0.44%以下的增速，并且其增速一路下降逐步归零，这使得我国的 15—64 岁人口数量在 2013 年达到了历史峰值。之后的 2014 年到 2016 年有一个短暂的平台期，此阶段增速几乎为零。在此之后的 2017 年，我国 15—64 岁人口数量开始转入明显的下降阶段，到数据截至的 2021 年，年均下降 0.88%。

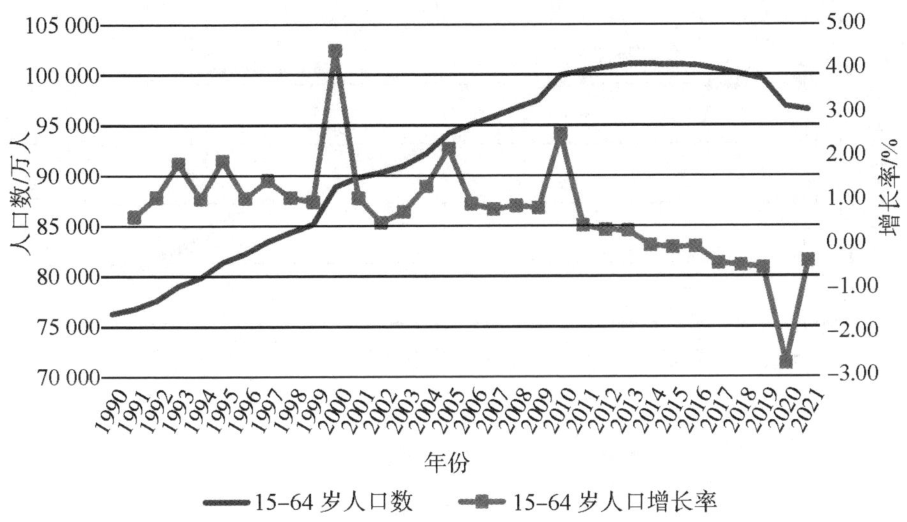

图 4-1　15 到 64 岁人口数和其增长率

资料来源：历年《中国统计年鉴》。

而以图 4-2 中的国家统计局“就业人口数”的统计口径来看，整体趋势和劳动人口数量类似。其数量在 2014 年以前保持增长，但其增速也是一直呈现出总体下降的趋势。在 1990—2001 年期间，每年就业人口的增幅维持在 1%左右，每年新增劳动力人口数 800 万—1 000 万人；从 2002 年开始，劳动力数量增速下降的趋势更加明显，2002 年到 2011 年期间，每年的就业人口增长率在 0.5%左右；在 2010 年到 2014 年，整体上进入了增速由正转负的平台期，每年新增的劳动力人口增速降低到不足 0.1%，每年新增劳动力人口数不足 300 万人，并在 2014 年达到就业人口数的峰值；此后从 2015 年开始，就是持续至今的下降期，并且下降速度越来越快，从 2015 年的-0.04%逐步扩大到 2021 年的-0.55%的就业人口下降比例。

观察我国历史上的经济增速可以发现，在 2013 年首次提出了“新常态”之后，我国的经济增速从过去的高速增长，逐步转换为当前的中高速增长。这个经济增速切换的时间点和劳动力数量增速由正转负的时间点是比较接近的。我国劳动力数量的增长阶段基本和我国经济的高速增长阶段相重合。所以我们可以粗略地说，改革开放以来劳动力数量增长是经济增长的重要因素，但随着我国劳动力数量的进入下降期，其已无法成为经济增长的源泉。

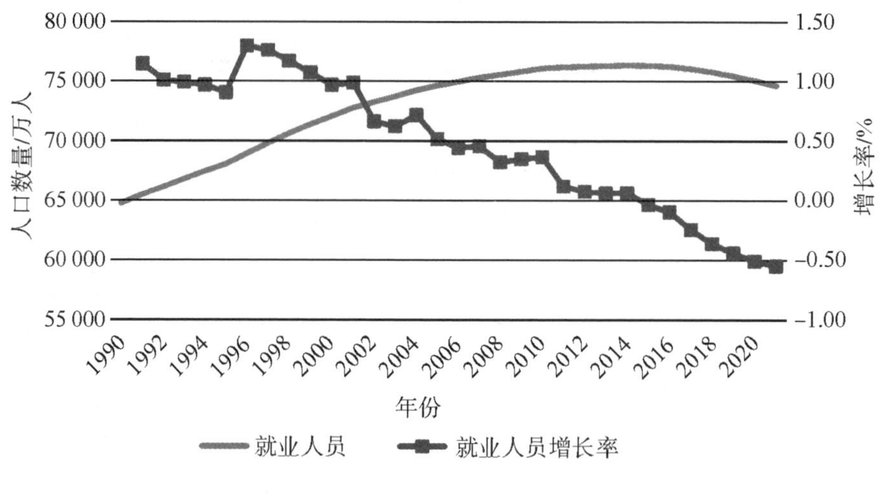

图 4-2　就业人员和增长率

资料来源：历年《中国统计年鉴》。

2. 二元经济结构视角

中国自改革以来的发展是一个逐步从农业社会向着工业社会过度的过程。这属于刘易斯理论（Lewis，1954）中的二元经济发展阶段，这种二元结构表现为存在大量剩余劳动力的农业部门和能够获得劳动力无限供给的非农部门。此结构下经济增长的一大特征就是农业部门不断释放剩余劳动力，而非农部门不断吸收劳动力。

但对于中国是否已经经过了刘易斯拐点，不同学者的意见分歧较大。例如，孙自铎认为中国农村尚存在庞大的剩余劳动力需要进一步转移，我国城市化率相对于发达国家仍有较大差异，因此不能说中国经过了刘易斯拐点（孙自铎，2008）。而蔡昉则认为，中国的经济增长目前已经经历了刘易斯拐点前的劳动力无限供给的 L 阶段，并正在经历刘易斯拐点之后劳动力投入增加逐渐无法跟上资本投入增加的 T 阶段（蔡昉，2013）。不过这两种观点的分歧主要来自对于刘易斯拐点定义上的差异。

从孙自铎的阐述中可以看出，其所理解的刘易斯拐点是农村剩余劳动力被非农部门吸纳完毕或接近完毕的状态（孙自铎，2008）。而蔡昉对刘易斯拐点的定义是“如劳动力短缺现象的出现和普通劳动者工资的上涨，会在某一时点突出地显现出来，我们把这个时间点叫作刘易斯转折点”，其定义是相对于上一种逻辑“不需要提供工资的生存水平性质，就可以获得源源不断劳动力供给的状态”给出的（蔡昉，2013）。

因此，可以说在刘易斯拐点前，劳动投入可以伴随资本投入的比例同步增长，从而保持生产函数中最佳的资本劳动比，而这种资本和劳动力投入的双增长，也为实现经济的快速增长提供了客观条件；在刘易斯拐点之后，劳动投入的增长逐渐无法跟上资本投入的增加，使得经济逐步依赖新资本的投入而增长，这种单脚跛行的增长方式自然会拖慢经济增长的速度。

但是如果从中国的全部就业人口和资本投入的关系中却很难发现两者具有相关性，图 4-3 是根据《中国统计年鉴》绘制的就业增速和资本存量增速①之间的关系。

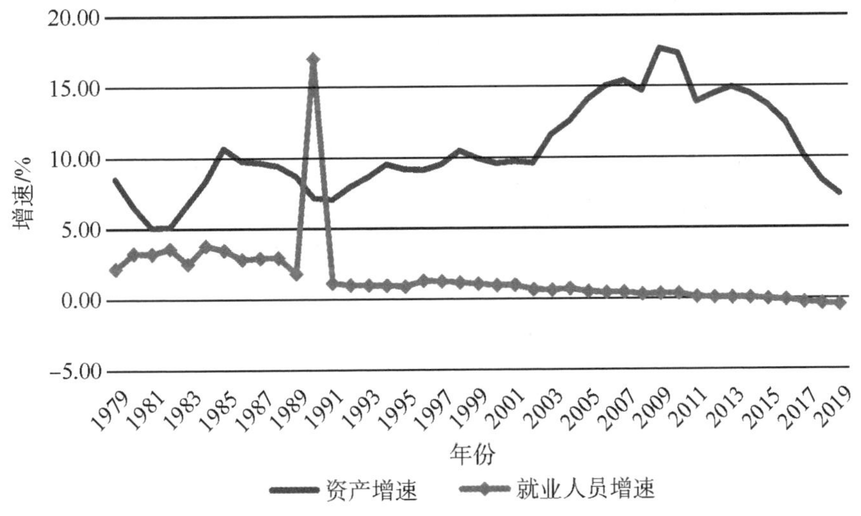

图 4-3　就业人口增速和资本存量增速关系图

资料来源：历年《中国统计年鉴》。

从图 4-3 可以看出，中国的就业人口增量跟资本存量增量之间很难说有什么明确的关系。并且基本上从 1991 年开始，我国的就业人口增量就处于一个低位并逐步下滑的状态。这是由于在中国这种二元经济结构下，农业部门的就业其实是非农部门发展不足，尚不能吸纳足够劳动力的结果。这些在农业部门的就业既不能有效与资本结合进行现代化的生产，也不能对经济增长产生有效的促进作用。其只是尚不能有效转换劳动力储存在农

① 此处资本存量采用永续盘存法估算。因《中国统计年鉴》的固定资产投资价格指数只给到 2019 年，因此估算截止时间为 2019 年。

业部门的一种表现，实际上并没有被纳入现代化的社会生产之中，是事实上的失业，也就不应该被当作有效的劳动力投入加入经济增长的考察。

在此期间以城市为代表的第二产业、第三产业的非农部门生产效率远高于以农村为代表的第一产业的生产效率。如果我们承认收入会趋近劳动者所带来的产出，则我国改革以来的产业间人均工资水平的差异就可以在一定程度上反映出农业部门和非农部门在生产率上的差异。图 4-4 是根据《中国统计年鉴》绘制的我国城乡居民的收入对比。

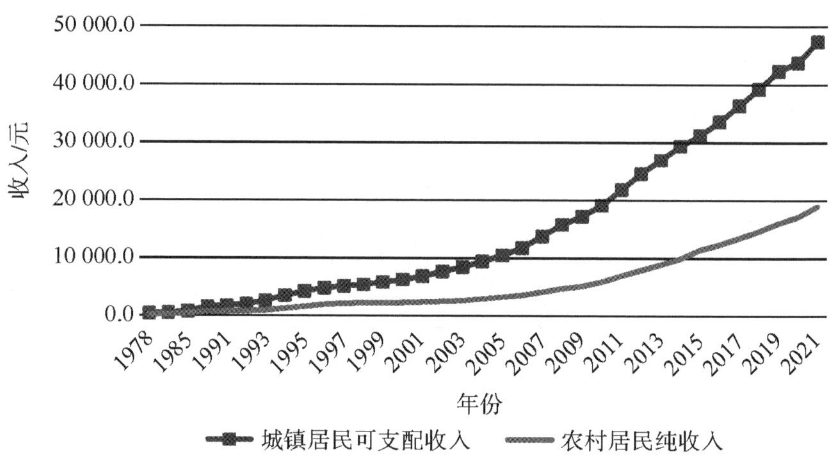

图 4-4 城乡居民收入对比

资料来源：历年《中国统计年鉴》。

可以看出我国城市人均收入远高于农村人均收入，这反映的是城市所代表非农生产部门在生产率上领先于农业部门的现状。同时需要注意的是，农村的人均收入中很大比例是来自于经营性收入，即使在近几年农村工资收入比例持续提高的大背景下，2018 年农村人均经营性收入也占到其可支配收入的 47%以上，直到 2021 年该比例仍有 34.7%。而经营活动收入是包括固定资产投入等因素在内的，因此该部分收入不能完全算作劳动力投入的报酬。故而真正能够反映劳动力边际生产力的劳动收入水平，实际上应该较图 4-4 所示的差异更大。

因此，可以认为我国总体上还处于二元结构的阶段，农业部门所表现出的就业只能算是非农部门无法吸纳的就业的蓄水池，从经济增长的角度来看，此部分就业不应该计入劳动力投入之中。因此在考虑资本投入和劳动力的关系时，使用非农部门的劳动力就业数量进行研究更加具有可靠性。对《中国统计年鉴》所提供的第二产业、第三产业就业人员进行加总得到非农部门总劳动力数量，将其历年增长率与资本投入增长率比较得到，从 1978 年到 2019 年中国非农劳动力与资本存量增量之间的关系如图 4-5 所示。

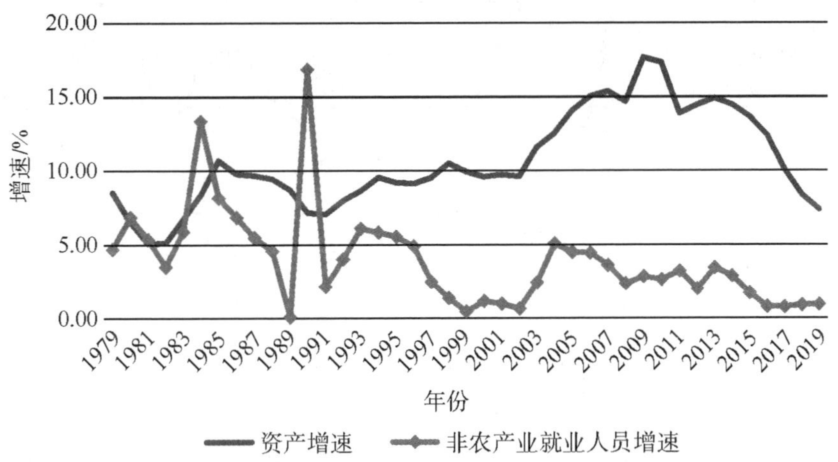

图 4-5　中国非农劳动力与资本存量增速之间的关系

资料来源：历年《中国统计年鉴》。

可以看出在 1997 年以前，大部分劳动力增长曲线与资本存量增长曲线基本同向变动。当资本存量投入增量较多，使得非农部门能够吸纳更多劳动力时，则非农部门劳动力增长曲线也出现提升，例如 1982—1985 年和 1991—1994 年；而当资本存量投入增量减少，影响非农部门扩大时，非农部门的劳动力增长曲线同样下行，例如 1985—1989 年。

而从 1997 年到 2003 年间，资本存量的增速大体维持在 10%的水平，但是非农就业人员的增速却长期保持低位。这说明此阶段投资并没有有效地实现人员就业产业的转化。这来源于 1997 年亚洲金融危机的后续影响、收益分配的调整期、劳动与社会保障欠缺等多种因素。先不论原因如何，这两种增速的分离最终使得我国沿海地区在 2004 年首次遇到了“民工荒”。结合图 4-6 所展示的农村居民收入增速情况可以看到，其在 1997 年到 2003 年间始终处于个位数的涨幅，恰好对应了这段资本存量增速和非农就业增速相背离的区间段。而在 2004 年，农村居民收入增速提高到十位数水平之后，非农就业人数的增速就有所上升，说明此前收益分配不公是导致两种增速分离的主因。

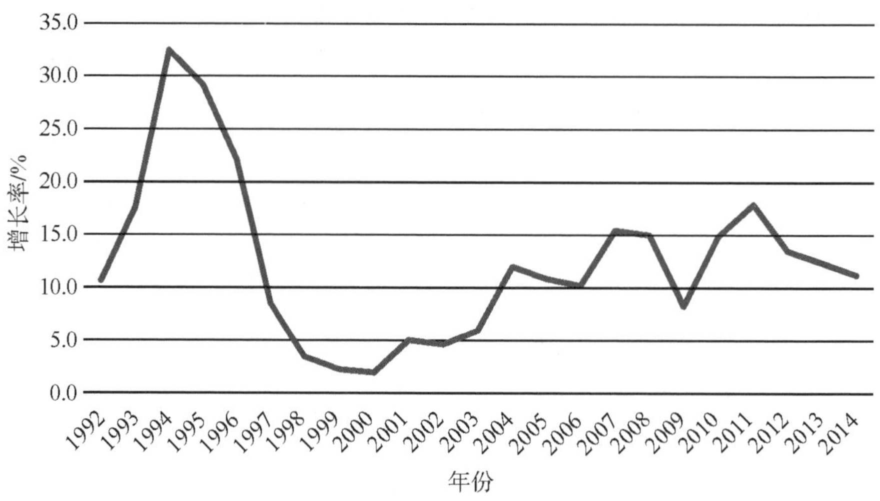

图 4-6　农村居民纯收入增长率

资料来源：历年《中国统计年鉴》。

在 2004 年到 2013 年间，非农劳动力增速在基本稳定在一定水平的基础上缓慢下降，而资本存量增速则保持较高水平。但从 2013 年再往后，非农劳动力增速快速下降，与之相伴的是我国的资本存量增速也一路走低。对应了 2014 年出现的“新常态”的提法。

这印证了刘易斯的拐点理论，说明在刘易斯拐点之后，中国的二元经济结构在逐步发生转变，农业部门逐渐不再能为非农部门的发展提供无限的劳动力供给。

4.1.2　我国未来人口数量变动的预测

使用人口数量预测的基础方法，例如 Arithmetic、Geometric、Logistic 等算法所得到的我国 2050 年的人口规模依次为 168 831、161 676、147 382 万人，这些结果和我国当前的人口变动趋势并不匹配。因此本书采用的预测方式是分年龄别生育和死亡率进行逐年推演估算。

年龄别生育和死亡率模型逐年估计中，年龄别的生育率和死亡率数据来自第七次人口普查并假设之后年份保持不变（下册的表 6-4 各地区育龄妇女年龄别生育率和上册的表 6-4 全国分年龄、性别的死亡人口状况）。并且考虑到我国今年的出生性别比向着正常区间回归，因此将出生性别比设定在 105：100。由于普查年份的数据相比于普通年份的数据更加准确权威，因此将估算起点选在 2020 年，以便利用第七次人口普查的数据。估算结果如图 4-7 所示。

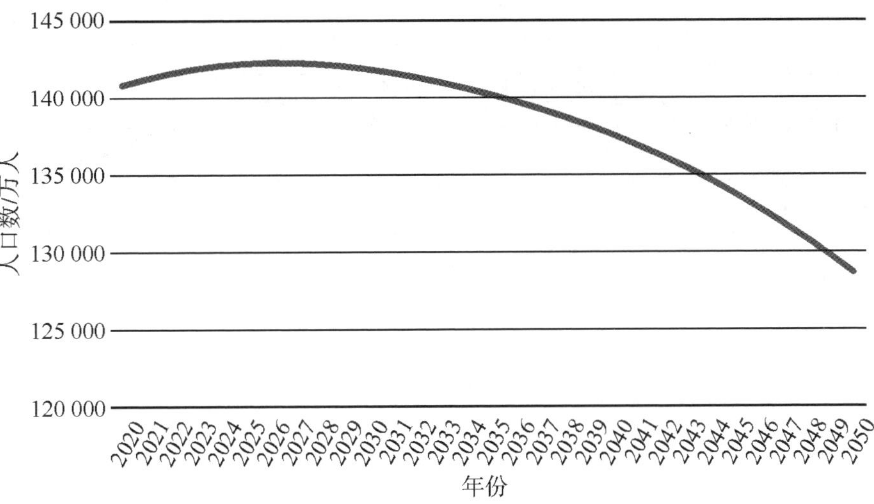

图 4-7　人口预测结果

从图 4-7 可以看到分年龄别生育和死亡模型的预测结果人口数量在 2026 年达到预测峰值之后总人口开始下降，最后到 2050 年下降到 12.87 亿。

从邻国日本的对比来看，其人口数量的峰值出现在 2010 年，当时其 65 岁及以上老年人口在全部人口中占比为 22.5%[①]。而本书估算结果中，我国人口数量达到峰值的 2026 年时，65 岁及以上老人在全部人口占比为 16.1%。这说明我国人口总量出现下降相较于日本而言是更早的，这与我国早年通过较为强力的行政手段转变人口增长模式有关。比如我国的第六次人口普查的总和生育率为 1.181，该值要低于日本在 2010 年以前的总和生育率，根据世界银行的数据，即使是日本总和生育率最低的 2005 年，其总和生育率也有 1.26。这种长期的更低的生育率，使得我国在国民整体更加年轻的状态下，就提前开始了人口总量的下降。

作为预测方式的对比，本书再提供如果总和生育率下降为 1.2 的情况下对未来人口数的预测。总和生育率 TFR 与所有育龄妇女生育率 FR 之间的关系采用国内学者袁磊等人的处理方式，即育龄妇女生育率 = 35×TFR =

① 数据来自世界银行开放数据库。

42‰（袁磊 等，2015）。将该种估计结果与从第七次人口普查开始的逐年预测结果如图 4-8 所示。

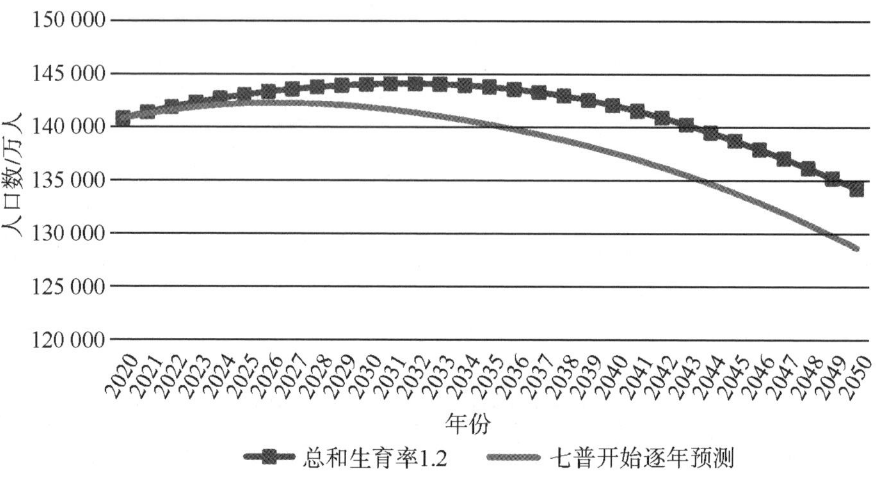

图 4-8　两种预测方式对比

可以看到这里假定 1.2 的总和生育率的预测方式所得最高人口数量，居然比用七普数据的 1.3 的总和生育率[①]所做的预测结果还要多。这是因为前一种估计方法只能将全部育龄女性加总后一起计算。但是在 15 岁到 49 岁的育龄女性内部，也存在显著的年龄别差异。这在我国集中体现在 20 岁到 34 岁的女性年龄别生育率显著高于其他年龄，其中最高的 25 岁到 29 岁育龄女性的年龄别生育率为 98.98‰，而 45 岁到 49 岁育龄女性的年龄别生育率仅为 1.61‰。从这种对比可以看到育龄女性内部的分化是巨大的。而第七次人口普查的 2020 年，我国 35 岁到 49 岁的高龄育龄女性占比达到了 46.4%。在假定 1.2 的总和生育率的预测方式正是由于忽略了育龄女性内部的老龄化情况而导致了估计的偏差。作为旁证，《中国统计年鉴 2022》中给出的我国总人口为 141 260 万人，与从第七次人口普查开始的逐年预测也更加接近。因此，本书认为从第七次人口普查开始的逐年预测方式相比较而言更加准确。

4.1.3　人口数量变动的影响

人口数量增速停滞和未来的下降趋势会影响劳动力的供给和劳动力价

① 数据来自《中国人口普查年鉴 2020》下册，表 6-4。

格。而我国相当一部分低端制造业和服务业的关键生产要素正是劳动力。一方面，劳动力的短缺限制了企业规模的进一步壮大，这阻碍了相关产业的发展。另一方面，劳动力的成本优势不再，劳动力成本的增长挤压了生产者的经营利润。两方面的共同作用对我国部分低端制造业和服务业产生较大的冲击。随着这种冲击所带来影响逐渐加大，部分制造业迁移到了越南、老挝和菲律宾等人工成本更低的地方，这削弱了我国相关劳动密集型产业，导致劳动密集型行业在整个经济中占比会逐渐降低。

对于人口数量变动带来的相关经济影响，我国学者多将其当成不利因素对待（刘佳骏，2022；唐宜红 等，2022；范保群 等，2022）。但这只是就劳动力供给减少的结果而论的。我们也应该看到导致我国的劳动力供给减少的原因是老龄化。而老龄化虽然会使得一部分劳动力随着年龄增加，而退出劳动力市场。但这部分退休的老年人口随即承担起了为年轻一辈照管子女、承担家务等方面的劳动。而正是因为有祖辈的帮助，其成年子女才能安心投入职场。因此，从这个角度来说，老年人口尽管可能没有直接参与工作，但对于经济社会仍然有生产性功能。因为如果老年人口不为自己的子女照顾下一代，子女可能就需要有人退出劳动力市场以照顾下一代或从事家务劳动。因此老龄化所带来的劳动力数量变动，我们应该从正反两个角度考察，而不要只关注不利的一面。其中的积极一面，本书会在后面的 4.3 节及第六章详细论述。

从人口转变理论上来看，当一个国家度过了刘易斯拐点之后，伴随着其经济的不断发展，农村的剩余劳动力总会有转化殆尽的时候。此时农业部门和非农部门的劳动力流向会逐步趋于平稳，达到所谓的“商业化点”（Ranis Fei，1961）。此时农业部门和非农部门的劳动边际生产力几乎相等，按照工资决定理论（Marshall，2009）此时农业部门和非农部门的工资收入应该是接近的。

沿着收入反映生产效率差异的思路对其他国家经验进行考察，虽然目前来看没有哪个国家可以完全符合理论上所定义的商业化点，以美国为例，在排除劳动力素质等因素影响后，其城市人均收入仍然高于农村（Thiede et al.，2018），但是也能够观察到随着发展不断向商业化点靠拢的趋势，一般来讲，发达国家相比于发展中国家更加接近于商业化点。

根据 American Community Survey（ACS）提供的数据，其城市中家庭年收入中位数为 59 970 美元，而农村的家庭年收入中位数为 44 020 美元，其城市收入依然明显高于农村收入，其城市农村收入中位数的比值为 1. 36。这可能反映的是第一产业和第二产业、第三产业在生产效率上的自然固有差异，也可能说明即便美国这种人口城市化率 85%的国家依然尚处于接近商业化点的过程中。

而根据《中国统计年鉴》所提供的数据，我国城市和农村人均可支配收入比如图 4-9 所示。

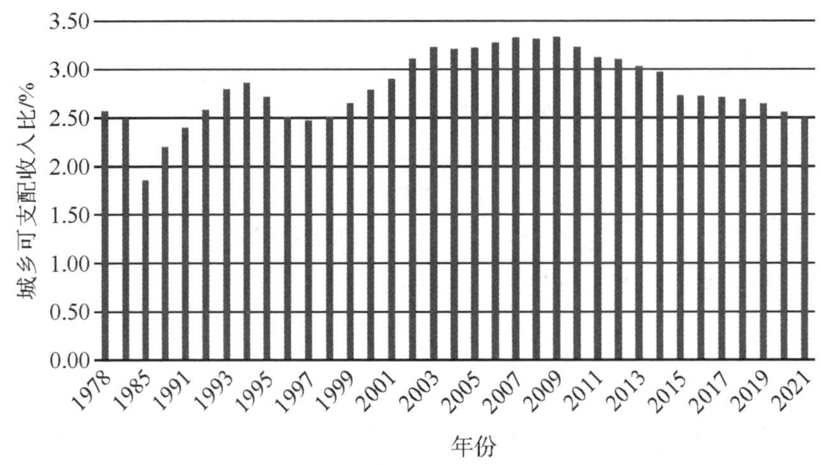

图 4-9 城乡可支配收入比

资料来源：历年《中国统计年鉴》。

从图 4-9 中可以看到从 1997 年到 2004 年，城市人均可支配收入相对于农村人均可以支配收入的比例在持续上升。2004 年以后，两者的比例就进入了平台期，而 2009 年之后这一比例开始下降，截至 2021 年时已逐步回落到了 1997 年的水平，虽然此时城市人均可支配收入处于仍是农村人均可支配收入的 2. 5 倍的高位，但是这种比例的下滑可能反映出农村过去单纯作为劳动力蓄水池的情况正在发生变化。农村收入正在开始追赶城市的脚步，向着理论中的商业化点靠拢。但是与发达国家相比，我国的城乡收入差异依然很大。因此我国还远未达到商业化点，只能说是开始了转变的进程。

4.2 人口质量变动与经济可持续增长

人口质量作为反映人口特性的一个重要特性，自身的定义是比较宽泛的。其既包括反映人口健康水平的方面，也包括通过教育培训形成人力资本的方面。

4.2.1 人口质量的现状与趋势

尽管中国必须面对一个严峻的人口数量变化形势，不过自改革开放以来，随着我国教育投资，我国居民受教育程度、知识储备和技能水平等人口质量在不断提升，笔者选取了几个指标来反映了我国人口质量的变化，如表 4-1 所示。

表 4-1 人口质量的变化趋势

年份（年）	人均预期寿命（岁）	6 岁以上平均受教育年限（年）	高等教育毛入学率（%）
1992	69.30	6.26	3.9
1993	69.68	6.39	5.0
1994	70.05	6.53	6.0
1995	70.43	6.66	7.2
1996	70.80	6.79	8.3
1997	70.95	7.01	9.1
1998	71.10	7.09	9.8
1999	71.25	7.18	10.5
2000	71.40	7.62	12.5
2001	71.71	7.68	13.3
2002	72.02	7.73	15.0
2003	72.33	7.91	17.0
2004	72.64	7.92	19.0
2005	72.95	7.83	21.0

表4-1(续)

年份（年）	人均预期寿命（岁）	6岁以上平均受教育年限（年）	高等教育毛入学率（%）
2006	73. 33	8. 04	22. 0
2007	73. 70	8. 19	23. 0
2008	74. 08	8. 27	23. 3
2009	74. 45	8. 38	24. 2
2010	74. 83	8. 80	26. 5
2011	75. 13	8. 85	26. 9
2012	75. 43	8. 94	30. 0
2013	75. 74	9. 05	34. 5
2014	76. 04	9. 04	37. 5
2015	76. 34	9. 13	40. 0
2016	76. 50	9. 13	42. 7
2017	76. 70	9. 27	45. 7
2018	77. 00	9. 26	48. 1
2019	77. 30	9. 33	51. 6
2020	77. 93	9. 50	54. 4
2021	78. 20	9. 71	57. 8

资料来源：历年《中国统计年鉴》、历年《我国卫生健康事业发展统计公报》、《全国教育事业统计公报》①

1. 健康质量维度

从这个数据可以看出，尽管我国劳动力的数量增幅出现下降的趋势，但是与此同时，劳动力的健康、教育等劳动力素质状况却不断提升，以我国人口的预期寿命来看，1992 年我国人口的预期寿命为 69. 3 岁，而到了 2021 年我国人口的预期寿命已经达到 78. 2 岁，短短 29 年时间，我国的人均预期寿命增长了 8. 9 岁。

这反映了我国人口健康状况的改善，而健康是衡量劳动力质量的重要

① 数据缺失年份使用插值法填充。其中 6 岁以上平均受教育年限=【未上学人口数×0+小学人数×6+初中人数×9+高中人数×12+（大专+大本+研究生）×16】/6 岁及以上人口数。

指标。同时，这也在一定程度有利于我国劳动力的供给水平的提升。因为我国相当一部分老年人口承担着为年轻家庭照管子女的职责，正是因为有父母为后辈照顾子女，子女才能安心投入职场，因此，从这个角度来说，老年人口尽管没有直接参与工作，但对于经济社会仍然有生产性功能。因为如果老年人口身体条件不好，则不但不能帮助子女照料家务，反而还需要子女专门照料。此时子女就很可能需要有人退出劳动力市场专门从事家务劳动，因此老年人预期寿命的提高实际上也促进了劳动力供给的增加。

同时从与发达国家2021年的人均预期寿命对比来看，美国的人均预期寿命为76.33岁；而欧洲发达国家人均预期寿命显著高于美国，在80岁左右，例如德国为80.9岁，法国为82.32岁，英国为80.7岁；而亚洲发达国家人均预期寿命相比于欧洲更高，例如日本为84.45岁，韩国为83.52岁①。我国当前以及在人均预期寿命上超过了主要发达国家中做得较差的美国，开始接近欧洲发达国家的水平，距离亚洲发达国家的水平仍有一段距离。考虑到我国的政治、文化、人种都与亚洲发达国家更为接近，因此我国当前的人均预期寿命仍有一定的提升空间。但是其进一步的提升相比于之前会是一个相比之前更加漫长的过程。比如日本用了43年才将人均预期寿命进一步提升了8.86岁，韩国用了44年提升8.97岁。这相比于我国在29年间提升8.9岁的人均预期寿命的速度要慢不少，但这并不是对未来增长乐观的理由。因为，如果以78.2岁的人均预期寿命为目标考察的话，日本提升8.9岁达到这一目标耗时24年，韩国更是仅用了19年。因此，人均预期寿命的提升是一个先快后慢的过程。我国后续要追上日韩当前的水平耗时应该是更长的，以当前比较的结果来看，耗时可能要50年以上。

2. 教育质量维度

另外，以我国的人均受教育年限来看，随着我国教育投资的稳步增加，我国人口的人均受教育年限也在持续增长。1992年我国人均受教育年限为仅为6.26年，而到了2021年，我国人口人均受教育年限达到9.71年。从高等教育毛入学率来看，我国在1992年毛入学率只有3.9%，到了2021年，我国高校毛入学率已经达到57.8%。因此，从这两个数据都可以看出，我国人口的受教育程度在不断增加。

可以看到预期寿命所反映的人口健康质量在29年间提高了12.84%，

---

① 数据来自世界银行开放数据库。

而人均受教育年限所反映的人口教育质量则提高了 55.1%，大学毛入学率更是提高了近 1 382%，因此可以说我国当前主要的人口质量提升主要体现在教育质量维度上。

人口教育质量提升的结果可以分为总受教育水平提升和教育结构优化两个角度。这里用 6 岁以上平均受教育水平和大学生占比两个指标来分别反映两者，情况如图 4-10 所示。

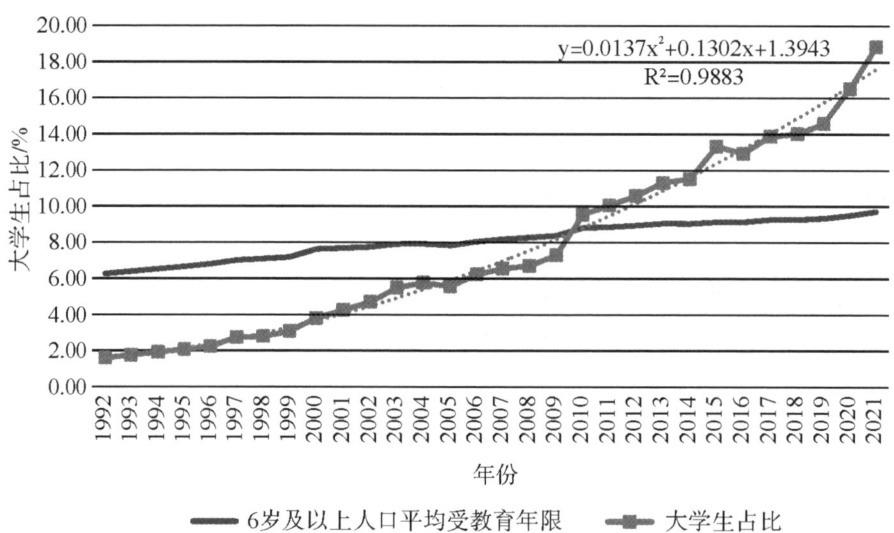

图 4-10 6 岁以上人均受教育年限和大学生占比的变化

资料来源：《中国统计年鉴》。

从图 4-10 中可以看到，在历史上我国的总的受教育水平和结构的优化是同步进行的。其中教育水平的改善和提高，从 1992 到 2021 的曲线来看整体平稳，基本是以线性的方式在稳步增长。

而教育结构的优化，整体上是一个先慢后快的过程。在 2006 年以前曲线相对平缓，从 1992 年到 2006 年的 14 年间提升了 4.63 个百分点；而到 2006 年以后进步速度明显加快，从 2006 年到 2021 年的 15 年间提升了 12.64 个百分点。其中增速在 2016 年到 2019 年间有所放缓，但是其后快速恢复。这一特点表现在图形上，就是用多项式趋势线来拟合整条曲线相比于用直线拟合更加合适。

如果能够保持当前的趋势，从数据截至的 2021 年再过 29 年到达 2050 年，我国有望把 6 岁以上人口人均受教育年限提升到 13.16 年。而按照之前我国大学生占比增长的加速趋势，其提升速度可能会更快。如果完全按照当前的趋势线来预测，截至 2050 年时，我国的大学生占比会达到 55.03%。

从发达国家的经验来看，我国仍有较大提升空间。从总受教育水平上看，美国 2020 年 18 岁以上人口人均受教育年限时为 14.19 年①，而同年我国七普数据所得的 18 岁以上人均受教育年限为 9.86 年。从受教育结构看，美国在 2020 年的大学生占比为 62.4%②，甚至高于我国 2050 年的预测水平。美国在 2021 年的高等教育毛入学率达到了 87.9%，英国为 77.0%，德国为 75.7%③，而我国 2021 年为 57.8%。

因此，对于我国来说，人口教育质量的提升仍有较大的提升空间。在未来三十年以内，我国人口受教育质量的提升不会遇到太大的瓶颈。只要保持对教育的持续投入，中国的人口教育质量将继续稳步提高。

4.2.2 人口教育质量变动的影响

在经济增长的过程中，人力资本所起的作用至关重要。在人口数量红利持续衰退背景下，经济增长须经历外生增长到内生增长的演变过程，从 20 世纪 80 年代起，罗默、卢卡斯和菲尔普斯等经济学家就提出这一理论，内生增长理论重视知识的外溢、干中学、教育研究、研发等人口质量因素对于经济增长的作用。阿罗-罗默的干中学和知识外溢内生增长模型，宇泽-卢卡斯的人力资本内生增长模型，贝克尔、墨菲等人的包含生育率的内生增长模型都从数量模型探讨了人口质量因素提升对于经济增长的贡献。概括来说，人口质量红利会在以下几个方面促进产业转型和经济增长。

（1）人口质量增加提供产业转型的基础。这是因为在一定程度上，一个国家的产业结构升级取决于劳动力人口质量。工业化初期，由于生产力发展水平较低，产业对纺织业、手工业等代表的劳动密集型行业的人力需求比较旺盛，而这些产业对技能水平要求比较低，因此产业并不需要大量的技术工人。进入工业化中期，随着技术的进步和重工业的发展，产业的技术含量不断提升，此时简单的技能已经无法满足产业的需求，因此产业

① 数据来源：U. S. Census Bureau，Current Population Survey。

② 数据来自世界银行开放数据库。

③ 数据来自世界银行开放数据库。

对劳动力技术、技能和知识等人力资本要求不断增加，而工人人力资本的提升为产业实现由初级加工业向重工业转型的基础，如果没有大量技术工人的储备，一国经济就谈不上产业转型的基础条件。而进入工业化后期后，产业对高科技、高知识密集型的人力需求继续不断增长，而要实现产业向高科技和高知识密集型等行业转型的过程，知识型人才、科技型人才和创新型人才就必不可少。

如果采用专利的申请数量和授权数量作为技术进步的指标，将其与人口教育质量两个指标一同标准化以后作图得到图 4-11。可以看出两者之间的同方向变化趋势。

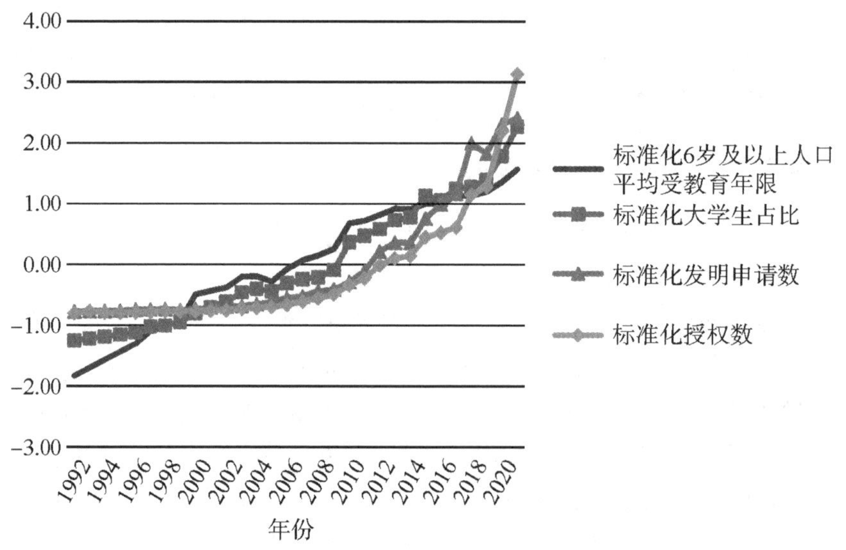

图 4-11　人口质量与发明申请和授权数

资料来源：《中国统计年鉴》。

（2）人口质量提升有助于提升生产率，提升行业内技术含量以实现转型。国内学者冉茂盛认为人力资本之所以是产业结构升级的重要因素，是因为人力资本具有特殊的生产功能，即要素功能和效率功能（冉茂盛等，2008）。要素功能是指人力资本吸引物质资本的集聚，尤其是高人力资本地区往往会吸引物质资本向本地区转移，从而促进产业结构升级。同时，由于高人力资本生产效率更高，因此高人力资本本身也会促进产业不断加强技术进步和创新，从而持续推进产业发展。而按照陈晓佳对于人力资本在生产过程中集聚效应和置换效应的研究（陈晓佳，2014），置换效应使得人力资本投入对其他要素产生替换作用，这来自工人自身技能和素质提高所带来的其他要素配置的合理化和高效化。这种要素配置的合理化和高效化就带来了生产率的提升。

（3）人口质量提升倾向于降低生育率，这会通过替代效应促进产业转型。贝克尔、墨菲等人认为增加人力资本投资、降低家庭生育率是经济发展的关键性条件之一，其有助于贫困中的发展国家走出马尔萨斯的均衡增长陷阱。人力资本水平高的国家，父母对子女将进行较多的人力资本投资，由此使得其养育子女的成本提高，导致家庭生育更多子女的意愿降低。而对孩子的教育和培训会成为有价值的回报，人力资本投资给国家带来强大的智力支撑，伴随产业不断高精尖化，人口质量的提升将成为推动产业不断实现转型升级的动力。

4.3 人口年龄结构变动与经济可持续增长

从广义上说，人口结构变动包括人口外在结构和内在结构的变动两个方面。人口的外在结构指的是人口在空间上、产业上所表现出来的结构。例如人口在城乡之间的分布就构成了人口的城乡结构；人口在不同产业间的分布，就构成了人口的产业结构。虽然这些外部的人口结构对生产同样具有影响，但是其与其说是人口的特性，不如说是经济和社会的特性。

以人口的城乡结构为例，若从人口与经济之间的主动与被动关系的视角去审视，其更多的是由经济和社会决定的，是经济和社会对人口产生主动作用的表现，在此关系中人口是被动的。因为，从起源上来讲，经济的发展需要更多的城市人口，因此越来越多的农村人口变成了城市人口。这一点在我国的二元经济结构中表现尤其明显，我国城市人口的增加始终是伴随着经济发展的需要而增长的，当经济发展程度不够时，多出来的人口就只能留在农村，让农村成为城市无法容纳的劳动力的“蓄水池”。因此人口结构的外部结构指标更接近于经济发展的果，而不是经济发展的因。同时，相比于人口结构的内部指标，外部指标表现出很容易受到外部扰动的特性。人口学的内部指标往往具有一种缓慢、稳定、有力的特性。特别是在没有战争、瘟疫、饥荒的情况下，人口学的内部指标具有很强的惯性，通过年龄金字塔等工具基本可以预言未来适龄劳动力数量的供给变化情况、抚养比变化情况等，而外部指标的变化则更多地受制于其他因素。

而本节主要想讨论的是人口结构作为人口的一个重要特性，对于经济以及经济增长的影响，因此更加适合从人口的内在结构，即年龄结构进行分析和研究。特别是自计划生育政策落地，且我国经济快速发展以来，我国生育率快速下降，老龄化加速进行，人口的年龄结构成为当下社会关注的重点。

4.3.1 人口年龄结构变动的现状

1. 老年人口视角

人口年龄结构变动的最显著的直接体现是我国老龄化进程的迅速加快。一般来讲，国际上通常的看法是，当一个国家或地区 60 岁及以上老年人口占人口总数的 10%，或 65 岁及以上老年人口数占人口总数的 7%，就意味着这个国家或地区进入老龄化社会。按照上述标准，我国已于 1999 年进入老龄社会，是较早进入老龄社会的发展中国家之一。目前，我国 65 岁及以上老人所占比重已经接近 10%，而根据 2013 年中国人类发展报告的预测，到 2030 年，我国 65 岁以上的人口占全国总人口的比重将提高到 18.2%。

从老龄化规模上看，根据 2000 年“五普”数据，中国 65 岁以上的老龄人口数为 8 800 万人，占全国人口的 7.0%，占世界老龄人口的 21.4%；60 岁以上人口占全国人口的 10.45%，是世界老龄人口规模最多的国家。彼时我国的人口金字塔如图 4-12 所示。

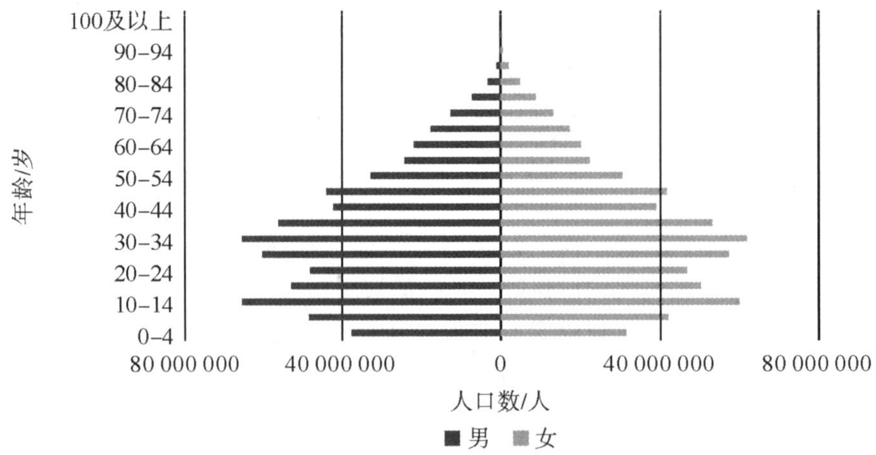

图 4-12　2000 年人口金字塔

资料来源：第五次人口普查。

根据2010年“六普”数据，65岁以上的老龄人口达到了1.1亿，占全国人口的8.9%；60岁以上老年人口达到1.7亿，占全国人口的13.3%。同2000年“五普”数据相比，60岁及以上人口的比重上升2.93个百分点，65岁及以上人口的比重上升1.91个百分点。彼时的人口金字塔如图4-13所示。

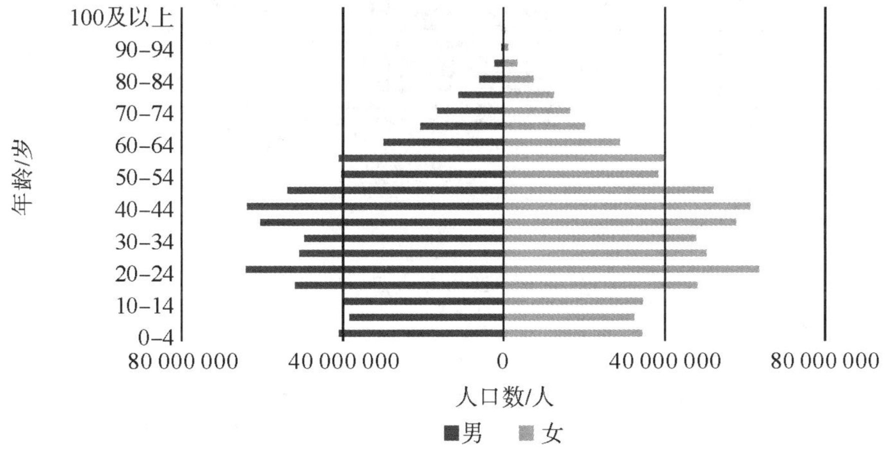

图4-13　2010年人口金字塔

资料来源：第六次人口普查。

根据2020年“七普”数据，65岁及以上的老龄人口达到了1.9亿人，占全国人口的13.5%；60岁及以上老年人口达到2.6亿人，占全国人口的18.7%。同2010年“六普”数据相比，60岁及以上人口的比重上升5.4个百分点，65岁及以上人口的比重上升4.6个百分点。相比于从六普到五普的增量更大，这反映出我国老龄化速度在加速。彼时的人口金字塔如图4-14所示。

从图4-12、图4-13、图4-14的对比可以看到，相比于2000年时的人口结构，2010年时人口金字塔的下部明显收窄，中部和上部变大；2020年相比于2010年这一趋势更加明显，下部最宽的部分从20岁到24岁组，移动到了30岁到34岁组。人口金字塔这种形态的变化是我国老龄化加重现状的反映。

目前，中国老年人口的绝对规模已经非常庞大，是世界上老年人口规模最大的国家。按照《中国统计年鉴2023》的数据，我国65岁以上老人接近2.1亿。

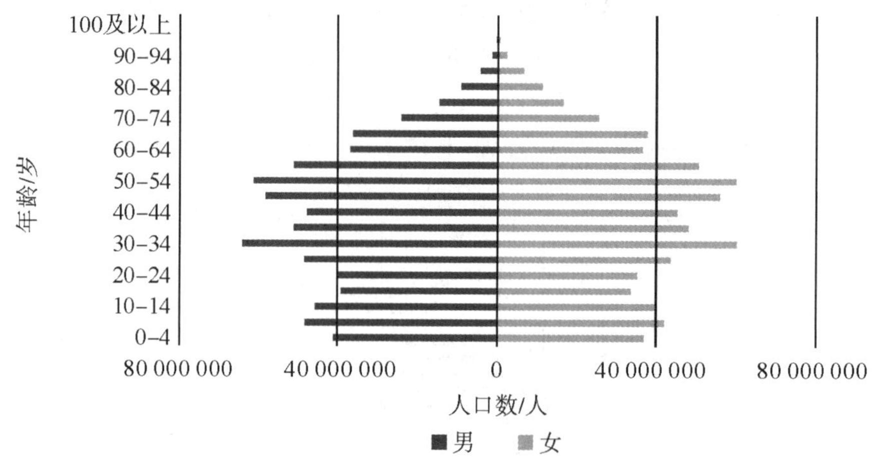

图 4–14　2010 年人口金字塔

资料来源：第六次人口普查。

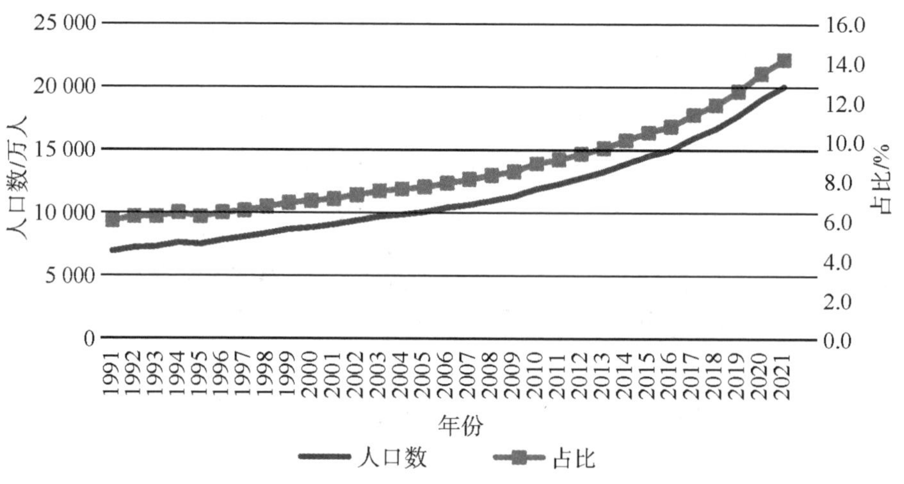

图 4–15　中国老龄人口（年龄≥65 岁）规模与比重

资料来源：历年的《中国统计年鉴》。

从老龄化比例上看，根据历次人口普查资料，中国的人口老龄化程度从 1964 年第二次人口普查后逐渐提升，65 岁以上老年人口比例在 1982 年的第三次人口普查时达到了 4.91%；1990 年的第四次人口普查时达到了 5.6%；2000 年的第五次人口普查时达到了 7.0%，2010 年第六次人口普查时达到了 8.9%，到 2020 年达到了 13.5%。按照 65 岁及以上老年人口超过 7%为可称为老龄化的国际标准，2000 年第五次人口普查后，中国人口已经正式成为老年型人口，2000 年到 2010 年则是中国人口进入老龄社会的头 10 年，这段时间的我国老龄化开始逐渐加深。而 2010 年到 2020 年则是我国老龄化加速深化的十年。

同时，中国的老龄化相比于其他国家具有老龄化速度快的特点。从表 4-2 可以看到，65 岁及以上人口比例由 7%增长到 14%，法国用了 115 年，美国用了 69 年，瑞士用了 50 年，英国用了 45 年，日本用了 26 年，日本是公认的老龄化速度最快的发达国家之一，而中国 65 岁以上人口比例由 7%增长到 14%用了 21 年时间。从与其他发展中国家的横向对比来看，新加坡 28 年，智利 25 年，最快的哥伦比亚则是 20 年。因此，可以说中国处于老龄化速度最快国家的行列之中。

表 4-2　部分发达国家和发展中国家 65 岁以上老人占比从 7%上升到 14%所需年数

国家	老龄化时期（年）	所需年数（年）
发达国家		
法国	1865—1980	115
瑞典	1890—1975	85
美国	1944—2013	69
英国	1930—1975	45
西班牙	1947—1992	45
日本	1970—1996	26
发展中国家		
中国	2000—2021	21
新加坡	2001—2028	27
智利	2000—2025	25
泰国	2003—2025	22
巴西	2011—2032	21
哥伦比亚	2017—2037	20

资料来源：West and Kinsella（1998），the economics of an aging society，2004，P17，以及《中国统计年鉴》

此外，老龄化指数（老少人口比）从 1990 年的 20.2%经十年时间上升到 2000 年的 30.4%，再经十年上升到 2010 年的 53.4%，最后到 2021 年的 81.3%，可以说上升速度非常迅速。而且更为关键的是，当前仍在这个加速上涨的过程中。

2. 少儿人口视角

中国人口年龄变动的还体现在于少儿抚养比的变化上。少儿抚养比的变化反映了当前社会少儿抚养压力的水平，从 1982 年以来我国整体的少儿抚养比变化趋势如图 4-16 所示。

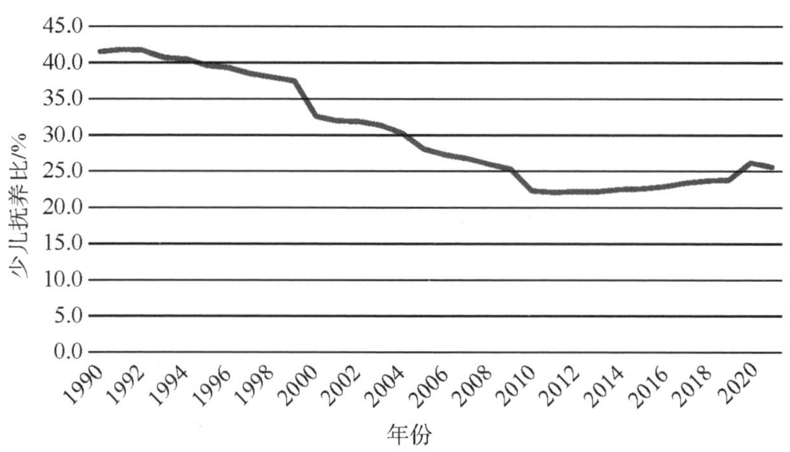

图 4-16　少儿抚养比的变化趋势

资料来源：历年《中国统计年鉴》。

从图 4-16 中可以看到，我国少儿抚养比的变化可以大致分为三个阶段：首先是 1990 年到 2000 年的平稳降阶段，此阶段中国的少儿抚养比从 1990 年的 41.5%下降到 2000 年的 32.6%，年均增速为-2.1%；然后是 2000 年到 2010 年的快速下降阶段，此时少儿抚养比从 32.6%的水平，下降到 2010 年的 22.3%的水平，年均增速为-3.2%；最后是 2010 年开始的稳中微升的阶段，截至 2020 年时少儿抚养比达到 26.2%，年均增速为 1.7%。

结合中国对老年人口的抚养负担的增加趋势，我国的总抚养比变化趋势可以分为两段。第一段从 1990 年的 49.8%降至 2010 年的 34.2%；第二阶段则是 2010 年后的上升阶段。从 2010 年至 2014 年的上升阶段的早期用了 4 年提升 2 个百分点达到 36.2%；之后开始加速上升，到 2021 年的时候我国总抚养比已经到了 46.3%。将总抚养比、少儿抚养比和老年抚养比绘制到图中后如图 4-17 所示。

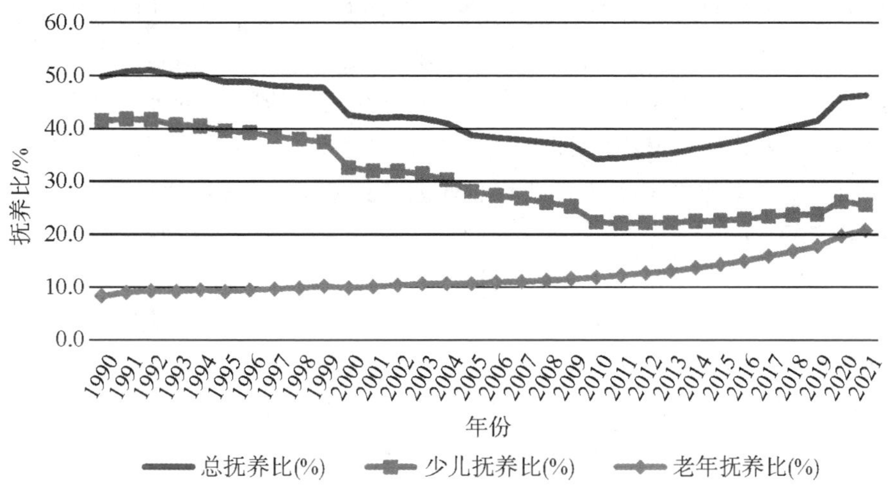

图 4-17　总抚养比、少儿抚养比、老年抚养比的变化趋势

数据来源：《中国统计年鉴》。

从图 4-17 中可以看到在 2010 以前，中国的总抚养比的变化趋势与少儿抚养比的变化趋势是一致的，总抚养比的下降完全来自少儿抚养比的快速下降。而 2010 年以后，总抚养比的上升一方面来自老年抚养比的快速上升；另一方面在于少儿抚养比由降转升，但是其提升比率相比老年抚养比要小很多，因此只是对总抚养比的增加起到了次要作用。

3. 劳动年龄人口内部的老龄化

中国的人口年龄结构除了在老年和少儿抚养比的变化上有所反映，在劳动适龄人口的内部结构上同样存在变化。根据 2000 年第五次人口普查数据，当时 50 岁到 64 岁的人口占总劳动适龄人口的比重为 22.0%。而到了第六次人口普查的 2020 年，该年龄段的所占总劳动适龄人口的比重就上升到了 30.6%，年均上升 0.9 个百分点。由此可以看出，在我国的劳动适龄人口内部同样存在着老龄化的问题。

4. 人口红利视角

人口红利的概念起始于学者关于人口增长和经济增长关系的研究，不少学者关注到了特定人口转变阶段会带来有利于经济发展的抚养比（陈卫，1990；黑田俊夫 等，1993）。再比如布鲁姆（Bloom）等用类似概念把人口年龄结构变量加入经济增长因素分析的实证模型对 20 世纪的东亚经济奇迹进行了实证分析，结论是人口红利因素对东亚经济奇迹的贡献是很显著的。人口红利因素对于东亚经济增长的贡献率超过 30%。他们基于日本的和欧洲国家的人口与经济发展历史数据指出，人口红利期是一个国家或经济体的重大机遇期或窗口期，处于人口红利期的国家应通过教育、劳动、人口等公共政策，充分利用好人口红利窗口期，提振一国或地区的经济。最后在 21 世纪初，人口红利的概念被正式提出并被广泛接受（Bloom et al., 2003）。

我们以 Bloom 等人定义中所用的“劳动年龄人口占比”作为口径来看，图 4-18 显示我国 15 岁到 64 岁劳动年龄人口占比在 2010 年达到最高的 74.5%，之后就一路下滑到 2021 年时的 68.3%。这表明，我国人口红利的形势已经产生较大的变化，中国必须面对一个人口现实：即过去支撑我国经济长期增长的人口红利已经逐渐消失，这可能长期内影响中国的经济发展格局。

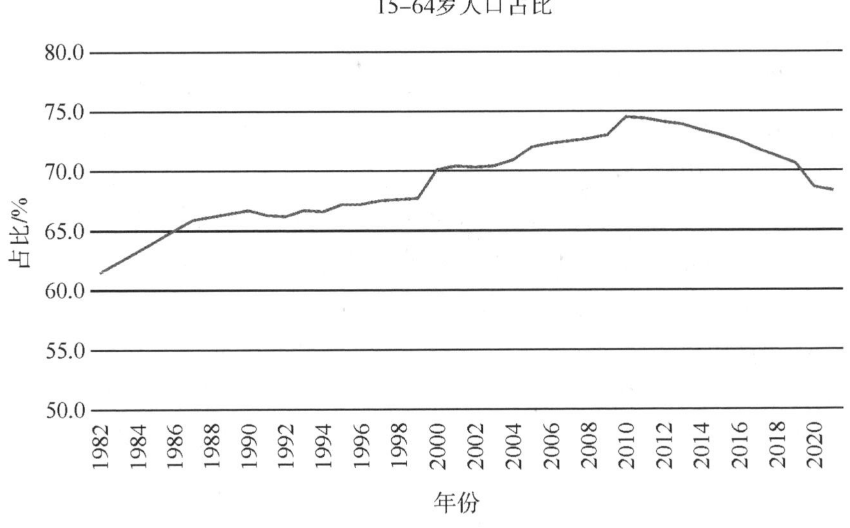

图 4-18　15 到 64 岁劳动年龄人口占比

资料来源：历年《中国统计年鉴》。

4.3.2　我国未来人口年龄结构变动的预测

本节给出 4.1.2 节中按照第七次人口普查分年龄别生育和死亡率的逐年推算时所得到的人口年龄结构变动的预测结果，在图 4-19 中给出预测未来历年 0 到 14 岁、15 到 64 岁、65 岁及以上人口占全部人口比重的预测。

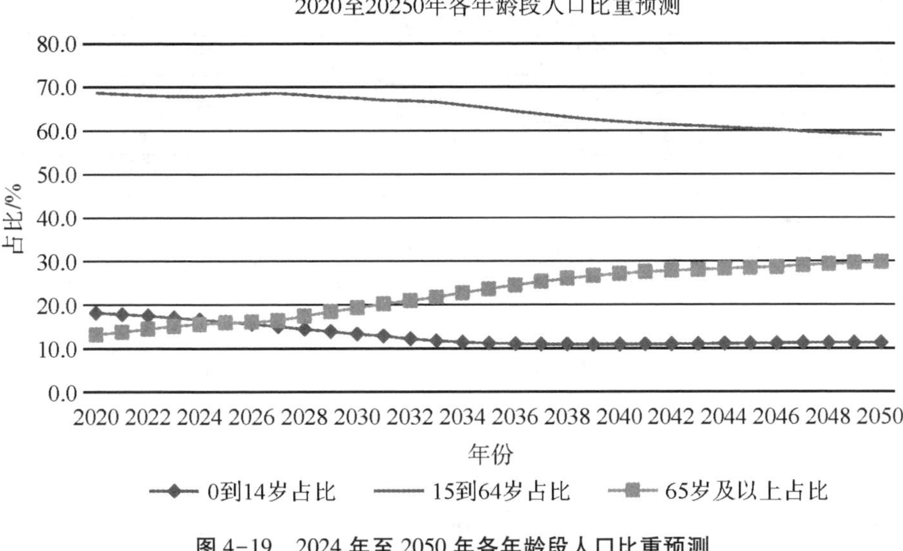

图 4-19　2024 年至 2050 年各年龄段人口比重预测

0 到 14 岁儿童青少年占比的变化分为两个阶段。第一阶段从 2020 年的 18.2%持续减少到 2040 年的 10.9%，中间又可以细分为 2024 年到 2025 年的快速下降阶段，和 2035 到 2040 年的缓速下降阶段；之后从 2040 年开始，占比逐渐增加，截至 2050 年，0 到 14 岁儿童青少年占比预计恢复到 11.3%。

65 岁及以上老年人口占比则会持续增长，从 2020 年的 13.2%增长到 2050 年的 29.8%。

15 到 64 岁的劳动适龄人口的占比的变化趋势也是逐渐下降的，从 2020 年的 68.7%，下降到 2050 年的 59.0%。

而少儿抚养比、老年抚养比、总抚养比的预测，则如图 4-20 所示。

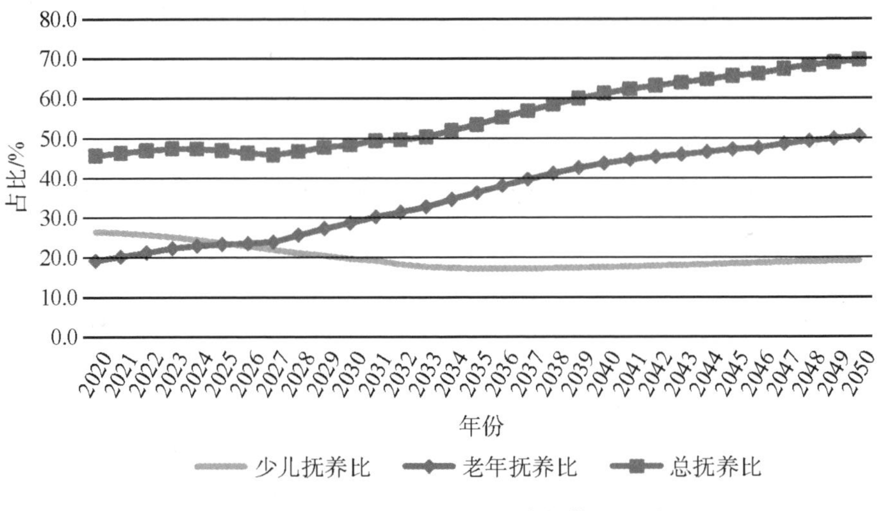

图 4-20　2024 年至 2050 年三类抚养比预测

其中少儿抚养比的变化分为两个阶段，第一个阶段是 2020 到 2035 年的下降阶段，到 2035 年时会降到最低的 17.2%；第二阶段是从 2035 年到 2050 年的上升期，最终会逐渐增加到 19.1%。

老年抚养比则在预测期间持续增长，但是从增速上看可以划分为两个阶段，第一阶段为 2020 年到 2027 年的缓速增长期，期间年均增长 0.7 个百分点。第二阶段为 2027 到 2050 年的快速增长期，期间年均增长 1.1 个百分点。

总抚养比的变化也可分为两个阶段。第一阶段是 2020 到 2027 年的波动阶段，该阶段总抚养比首先上升并在 2023 年前后达到峰值，之后到 2027 年前会逐步下降到 45.8%。第二阶段为 2027 年到 2050 年，此阶段总抚养比快速上升，到 2050 年时将达到 69.6%。这里总抚养比分段时间点和老年抚养比分段的时间点都为 2027 年并不是巧合，而是因为老年抚养比在 2027 年之后的快速上涨，并主导了总抚养比的变化趋势。

4.3.3　人口年龄结构变动的影响

从消费的角度看，随着我国人口的迅速老龄化，老年人可能会减少衣物、食品和娱乐等消费，但老年人会增加在健康、医疗和保险等方面的支出。因此考虑到老年人这一消费特性，相当一部分医疗、养老服务业等老龄产业面临发展机会。因此，人口老龄化可以直接通过影响老年服务业来提升第三产业发展。这包括老年人的个人服务、家庭服务、市区和社会服务等。另外，由于老年人有更多的闲暇时间参与旅游休闲、文化娱乐等活动，这也极大提升和带动第三产业。老年人尽管个人消费力并不高，但其相当部分消费会花费给后辈，比如为子女支付购房首付，为孙儿孙女提供零花钱等，这些消费并不会直接计算在老年人身上，但通过用于子女的消费，这同样会增加总体消费促进经济增长。

同时，从生产的角度看，老年人中仍有一部分会通过返聘、家政、新媒体等形式继续保留在社会化的大生产过程中，这部分老人可以发挥自身的经验和能力继续直接发挥生产作用。除此以外，老年人也可以通过代际支持的方式间接地促进成年子女的劳动参与率，进而以提供更多劳动力方式促进经济增长。

4.4 本章小结

本章从人口变动的数量、质量和结构三个方面对我国当前所面临的人口变动现状进行了梳理，并对其影响进行了分析。

在数量方面，我国劳动力数量的增速在 2001 年以后开始持续下滑，到 2014 年劳动力从过去的正增长变为了负增长。而以“民工荒”为标志，过去二元经济结构中农村作为城市劳动力“蓄水池”的作用在逐步发生改变，虽然当前我国还远没有达到理论中农业的收入和非农收入相等的商业化点，但是两者收入的比例差距已从 2004 年之前的增长趋势，变为持续至今的下降趋势。从劳动力供需决定工资价格的角度看，这就说明过去来自农村的无限劳动力供给的模式，已经开始逐步发生改变。

在质量方面，我们人口无论是健康质量还是教育质量，相比于 1990 年均有很大的提高。这说明人口质量对我国产业转型升级、生产效率提高和生育率降低起到了显著作用。

在结构方面，伴随我国人均预期寿命的提高，我国的老龄化程度在 1964 年以后就处于不断增加的态势，且表现出老龄化速度快和老年人规模大的特点，这种变化对于经济既有不利的一面，但也有有利的一面。

5 中国人口变动与经济增长实证

5.1 模型设定

经典经济理论认为，产出主要由物质资本投入、劳动力投入、技术水平决定。为检验生产要素对于经济增长的作用机制，就需要设定模型采用的生产函数。常用的生产函数主要有科布道格拉斯和超越对数两种形式，后者放宽了技术中性和产出弹性固定上的假设，但是容易在估计时产生多重共线性问题；并且根据吴（Wu）、州（Chow）等人的研究，科布道格拉斯能够较好地描述中国经济增长（Wu，2003；Chow et al.，2002）。因此本书此处选用科布道格拉斯生产函数，其形式为 $Y = A\ K^{\alpha}\ L^{\beta}$ 。而从前文的理论和机制分析中，可以看出人口的数量、质量、年龄结构三个方面会对经济增长产生影响。因此本节在前文理论分析的基础上，从影响因素的角度，将体现人口数量、质量、年龄结构三个维度的指标作为因素加入实证模型，考察实证数据是否支持理论分析中三个因素对于经济增长影响的预言。参照杜伟等所使用的实证方程的形式（杜伟 等，2014），将实证方程写为：

$$Y = A\ K^{\alpha}\ L^{\beta}\ H^{\gamma}\ Age^{\theta_1}\ Young^{\theta_2}\ e^{\varepsilon} \tag{5-1}$$

其中 A 代表综合生产率表现为残差项，K 和 L 分别代表了生产过程中的物质资本投入和劳动力投入，H 则代表了投入生产的人力资本，而 Age 和 Young 分别为老年抚养比和少儿抚养比，分别反映了年龄结构中老年人和少儿占比对于经济的影响。由于其本身是非线性关系，因此通过对数变换将方程变为双对数模型。最终实证方程的表达式为：

$$ln\ Y_{it} = lnA + \alpha ln\ K_{it} + \beta ln\ L_{it} + \gamma ln\ H_{it} + \theta_1 ln\ Age_{it} +$$

$$\theta_2 ln\ Young_{it} + \mu_i + \upsilon_t + \varepsilon_{it} \tag{5-2}$$

其中，μ_i 代表个体固定效应，υ_t 代表时间固定效应，ε_{it} 则为误差项。Y_{it} 表示 i 省在 t 年的产出水平。K_{it}，L_{it}，H_{it}，Age_{it}，$Young_{it}$ 分别表示对应省份 i 在 t 年的物质资本投入、劳动力投入、人力资本投入、老年人占比影响、少儿占比影响年龄结构影响。

通过前文的分析，本书认为中国经济的增长方式在 2004 年前后存在一个较为明显的转变。为了验证该理论假设，在本章将对全时段、2004 年前、2004 年后分别进行回归。同时，由于我国在 2019 年年底因为新型冠状病毒疫情进入了特殊时期，此阶段社会经济运行和正常状态具有很大偏差，而本书关注的是常态下的人口变动与经济增长关系，因此分析的截止时间选在了 2018 年。

5.2 变量选择

1. 被解释变量

经济水平变量是（5-2）式中的被解释变量，由于国内生产总值（GDP）反映了一个国家经济生产能力和最终产出，并且以往文献中 GDP 也是常用的对于国家财富生产能力的度量，通过其可以较好地反映一个国家的经济水平受到各种因素影响的大小和方向，可以为贡献率的计算做好铺垫。因此本书选择使用各省的 1990 年不变价 GDP 来反映经济发展水平。

2. 资本投入变量

本书使用全社会固定资本存量作为衡量模型（5-2）中物质资本投入 K_{it} 的指标。之所以没有选择支出法国内生产总值中的资本形成总额作为指标是因为资本形成总额中包括了无形资产的成分，且其不能很好地反映之前形成的物质资本生产资料的投入。因此本书使用固定资本存量作为对资本投入 K 的指标。

各省固定资本存量的计算则采用永续盘存法进行计算。永续盘存法的具体公式为：

$$K_t = (1 - \delta) K_{t-1} + I_t \tag{5-3}$$

其中 K_t 表示 t 年的全社会固定资本存量，δ 表示固定资本折旧率，而 I_t 表示 t 年的固定资本投资总额。

从计算公式可以看出使用永续盘存法需要基期的固定资本存量、资本折旧率和历年的固定资本投入。其中基期的固定资本存量，本书使用张军对 1978 年中国资本存量的估算（张军 等，2003）；而资本折旧率的选取上学者间存在一定差异，大部分集中在 4%到 10%之间，本书采用张军所计算的 9.6%作为每年的固定资本折旧率（张军 等，2004）；历年的固定资本投入，本书选择从 1990 年开始历年《中国统计年鉴》中所提供的全社会固定资产投资。

3. 人口变量

人口变量包括数量、质量和年龄结构三个方面。

首先，对于人口数量所带来的劳动力供给 L，此处使用劳动适龄人口来进行衡量。之所以没有使用在生产实践中更加契合我国城乡二元结构的第二产业、第三产业就业人数作为指标，是因为第二产业、第三产业就业人数虽然更加接近实际生产中实际投入的劳动力，但是其更多地受到了经济结构、产业水平等外在因素的影响。而本书则更多地关注于人口数量所带来的劳动力供给效应对于经济增长的影响，因此劳动适龄人口能更准确地反映人口数量所带来的经济作用。例如，在劳动力实际供给过量状态下，事实上大量的劳动力并不能进入有效的社会生产之中，此时劳动力供给就应该表现为系数显著性不佳，甚至由于闲置人口的负担而对经济增长产生负面效果。此时如果用第二产业、第三产业的就业人员作为指标，则会因为其始终反映参与到社会化大生产之中的人数，很可能仍然得出增加劳动力供给对经济增长具有正面结论的结论，从而偏离本书关注重点。

其次，对于人口质量 H 的衡量，本书选择人均受教育年限和 6 岁以上人口中大专及以上人口占比两个指标分别回归并进行对比。其中人均受教育年限着重反映的是劳动力的人力资本水平的整体变动趋势；而大专及以上人口占比则侧重于反映了较高教育水平的劳动力在技术吸收和创新中的作用。之所以没有将健康人力资本引入实证模型，是因为健康人力资本的变化是一个很长的时间，而经济增长的变化是较快的，因此在实证模型中往往无法显著地表达出来，所以此处只指教育形成的人力资本。

最后，本书选择老年抚养比和少儿抚养比来分别反映我国人口年龄结构的两个最显著的方面。因为伴随着我国计划生育政策落地和改革开放以来经济的快速增长，中国人口年龄结构变动历史中的一大特征就是老龄人口在总人口中比例的持续上升和少儿抚养比的快速下降，并且在可以预见的未来中，中国的经济发展所可能面临的来自人口结构的压力，主要来自于老龄化所带来的挑战。所以本书选择了老年抚养比和少儿抚养比作为关注指标，来反映人口年龄结构的影响。

5.3 数据说明

基础数据来自 1990 年到 2019 年的《中国统计年鉴》，包括中国 30 个省、直辖市、自治区（不包括重庆，因为其从 1997 年才成立），以及第五次人口普查和第六次人口普查。部分缺失数据使用前后数据的滑动平均值进行填充，各个统计变量的描述性统计特征见表 5-1。

表 5-1　各变量统计特征

变量	变量名称	单位	样本量	均值	方差	最小值	最大值
国内生产总值	GDP	亿元	870	4 052. 60	5 375. 00	24. 45	35 796. 40
固定资本存量	K	亿元	870	11 126. 96	16 319. 59	37. 47	113 110. 40
劳动适龄人口	L	万人	870	2 966. 51	1 926. 31	138. 98	8 492. 52
平均受教育年限	EduYear	年	870	7. 84	1. 51	2. 13	12. 56
高等教育人口占比	ScholarRate	%	870	7. 29	6. 60	0. 09	48. 65
老年抚养比	Age	%	870	11. 35	2. 94	4. 70	22. 70
少儿抚养比	Young	%	870	30. 38	10. 60	9. 60	59. 26

5.4 数据检验

5.4.1 单位根检验

为了防止伪回归问题，保证实证结果的有效性，需要对实证所用变量进行单位根检测，以判断各变量是否长期平稳。根据面板数据单位根检测的原理，需要分别对：（Ⅰ）包含截距项和趋势项、（Ⅱ）只包含截距项和

（Ⅲ）两者都不包含，三种情况进行检测。当三种情况下均不能拒绝“存在单位根”的原假设时，则认为该序列是非平稳序列。如果三种情况中有一种可以拒绝“存在单位根”的原假设，则认为该序列不存在单位根，因而是平稳的（李子奈 等，2010）。针对同质性和异质性面板数据的单位根检测分别有 LLC 检测、Breitung 检测、Hadri 检测、IPS 检测、Fisher-ADF 检测、Fisher-PP 检测、HT 检测。表 5-2 给出了 LLC、IPS、Fisher-ADF 和 Fisher-PP 的检测结果。表 5-2 中结果显示，三种情况下各变量的各个检验中至少有一种情况下显著拒绝了“存在单位根”的原假设。因此，可以认为以上各变量是平稳的，采用面板数据回归不会造成伪回归从而影响实证结论的可靠性。

表 5-2　各变量单位根检测

检验	类型	lnGDP	lnK	lnL	lnAge	lnYoung	lnEduYear	lnScholarR
LLC	（Ⅰ）	-1.682**	-10.33***	-1.087 0	-8.644***	10.019	-2.535 5*	-4.151***
	（Ⅱ）	-11.14***	-7.416***	-5.358***	-2.262**	-6.661***	-5.706***	-2.754**
	（Ⅲ）	5.024 3	4.730 6	6.048 5	4.997	-8.347***	17.027 9	11.394 4
IPS	（Ⅰ）	-5.231***	-4.458***	-1.279 6	-4.614***	-1.302*	-6.253***	-6.709***
	（Ⅱ）	-3.696***	-0.490 2	0.603 9	-0.536	-0.956	-4.222***	-6.477***
	（Ⅲ）	-	-	-	-		-	-
Fisher-ADF	（Ⅰ）	100.55***	94.532***	50.821 1	78.797 0*	51.771	77.549 2*	77.096 4*
	（Ⅱ）	106.19***	54.763 3	31.822 6	37.086 2	138.56***	86.613**	84.121**
	（Ⅲ）	-	-	-	-	-	-	-
Fisher-PP	（Ⅰ）	95.616***	57.154 8	90.243***	159.77***	78.330*	148.88***	185.86***
	（Ⅱ）	250.19***	86.54**	46.090 3	82.756**	53.209	132.88***	174.02***
	（Ⅲ）	-	-	-	-	-	-	-

注：***，**，* 分别表示 $p<1\%$，$p<5\%$，$p<10\%$；（Ⅰ）（Ⅱ）（Ⅲ）分别表示包含截距项和趋势项、只包含截距项、两者都不包含

5.4.2　混合效应、固定效应和随机效应检测

1. 混合效应/固定效应检测

根据陈强对混合回归和固定效应选择的论述，可以通过对原假设“H_0：$all\,u_i=0$”的 F 检验和 LSDV 回归个体结果的检验进行（陈强，2014）。此处分为全部时段、2004 年前、2004 年后三段分别计算，并按照（Ⅰ）平均受教育年限和（Ⅱ）大学生人数占比进行区分，结果如表 5-3 所示。

表 5-3　混合效应/固定效应检测

	全部年份		2004 年前		2004 年后	
	（Ⅰ）	（Ⅱ）	（Ⅰ）	（Ⅱ）	（Ⅰ）	（Ⅱ）
F 值	78.54***	70.42***	70.28***	59.43***	109.00***	106.17***
LSDV-chi2	50.39***	287.87***	38.73***	44.84***	798.09***	889.77***

注：***，**，* 分别表示 p<1%，p<5%，p<10%。

从表 5-3 中可以看到无论哪个时段和模型均显著地拒绝了原假设，即认为固定效应明显优于混合回归。

2. 固定效应/随机效应检测

根据陈强对于固定效应和随机效应检测的论述，有豪斯曼检测和辅助回归两种方式（陈强，2014）。其中自助法是通过对如下方程进行辅助回归，并检验原假设“ H_0：$\gamma = 0$”，即应使用随机效应模型。检验结果如表 5-4 所示，可以看到无论哪个时段检验结果均显著地拒绝了应使用随机效用的原假设，即应该使用固定效应模型。

$$y_{it} - \hat{\theta}\bar{y}_i = (x_{it} - \hat{\theta}\bar{x}_i)'\beta + (1 - \hat{\theta}) z_i'\delta + (x_{it} - \bar{x}_i)'\gamma + [(1 - \hat{\theta}) u_i + (\varepsilon_{it} - \hat{\theta}\bar{\varepsilon}_i)]$$

表 5-4　豪斯曼和自助法检测结果

	全时段		2004 年前		2004 年后	
	（Ⅰ）	（Ⅱ）	（Ⅰ）	（Ⅱ）	（Ⅰ）	（Ⅱ）
豪斯曼检测	47.15***	52.22***	32.45***	61.34***	42.38** *	42.34***
辅助回归-Chi2	22.000***	11.304**	30.652***	37.242***	23.946* **	18.290**

注：***，**，* 分别表示 p<1%，p<5%，p<10%。

5.5　模型估计

根据数据检测结果，本节分别使用（Ⅰ）平均受教育年限和（Ⅱ）大学生人数占比作为人力资本收入的指标进行回归。并分成全时段、2004 年前、2004 年后三种分别进行回归并报告结果。具体回归系数如表 5-5 所示。

表 5-5 固定效应模型估计结果

变量名称	全时段		2004 年前		2004 年后	
	（Ⅰ）	（Ⅱ）	（Ⅰ）	（Ⅱ）	（Ⅰ）	（Ⅱ）
lnK	0.34^{***}	0.32^{***}	0.42^{***}	0.46^{***}	0.46^{***}	0.47^{***}
lnL	1.12^{***}	1.38^{***}	1.12^{**}	1.69^{**}	1.19^{***}	1.27^{***}
lnAge	0.67^{***}	0.73^{***}	0.88^{***}	0.96^{***}	$0.25^{*\ **}$	0.25^{*}
lnYoung	-0.22^{**}	-0.16^{**}	0.13	0.28	0.04	-0.03
lnEduYear	1.47^{**}	---	1.03^{***}	---	0.90	---
lnScholarRate	---	0.28^{**}	---	0.08	---	0.13^{*}
截距项	-7.80^{***}	-7.35^{***}	-9.26^{**}	-12.69^{**}	-8.01^{***}	-6.79^{***}
R^2	0.931 2	0.917 4	0.926 1	0.876 4	0.917 2	0.915 1

注：***，**，*分别表示 p<1%，p<5%，p<10%；（Ⅰ）表示使用平均受教育年限作为人力资本指标，（Ⅱ）表示使用大学生占比作为人力资本指标。

5.6 经济效应分析

5.6.1 要素边际产出弹性和显著性

1. 全时段结果

首先从全时段的回归结果来看。物质资本投入和人口数量、质量、结构因素都对经济水平具有显著的影响。分而论之，物质资本投入和劳动力投入的显著的正系数符合生产投入一般规律，特别是要素积累历来被认为是我国经济发展的核心动力。而人力资本无论是用平均受教育年限来衡量，还是用受高等教育的人口占比衡量均对经济同样起到正面作用。

年龄结构方面，少儿抚养比的系数为负，说明少儿抚养比与经济水平负相关，少儿抚养比的减少将有利于经济增长。而与直观理解中“老年抚养比对经济增长起负面作用”所不同的是，回归结果中老年抚养比的系数为正，其与经济增长正相关，老年抚养比的增加反而有利于经济增长。但这其实是很正常的现象，反映了人口年龄结构的改变与经济的复杂关系，并不是年龄结构向着不利于劳动力供给的方向变动时就一定会带来负面效应。这方面其他学者也有论述，例如蔡昉从老龄化对于教育深化的角度论述了老龄化对于经济增长的正面作用（蔡昉，2009），王丰、孟令国等则从老龄化对储蓄的促进作用进行论述和实证，其结果同样支持了老龄化对于经济增长的正面作用（王丰 等，2006；孟令国，2013）。在较新的研究中，冯剑锋等人对中国分省数据的研究还发现从 1990 年到 2012 年中国的老龄化程度加深对于劳动生产效率也起到提升作用（冯剑锋 等，2019）。本书此处老年抚养比实证结果可以算作此现象的又一佐证。可以看出，全时段的回归结果与前文中人口变动的机制分析所得结论基本一致。

从各个系数大小关系来看，平均受教育年限具有最大的系数，其边界作用非常显著。但是受限于平均受教育年限提高，其实际能对经济增长产生的贡献是有限的。以本书所使用的数据来说，数据开始时的 1990 年全国的平均受教育年限是 6.22 年，到数据结束时的 2018 年全国平均受教育年限是 9.26 年，提高了 48.9%。而其中提高比例最大的省份是西藏，从 1990 年的 2.13 年提高到 2018 年的 5.75 年，提高了 170%。但是作为对比，我国的固定资本存量从 1990 年的 41 578.65 亿元，成长到 2018 年结束时的 1 306 619 亿元，提高了 30 余倍。所以此处平均受教育年限回归系数最大，并不能简单地就说其对于经济的促进作用最大。

2. 分时段结果

然后从分时段回归的结果来看。首先物质资本无论拐点前后和指标变化都持续地保持显著，且前后系数的变动不大，在一定程度上可以认为在拐点前后物质资本始终处于一个稳定且重要的地位。

而劳动力供给无论在（Ⅰ）还是（Ⅱ）中，2004 年前的系数都是正数。但是 2004 年前的显著性却弱于 2004 年以后。这是可能是由于本节所使用劳动力供给 L 的指标是劳动年龄人口所造成的。因为在刘易斯拐点之前中国的二元经济结构非常强势，城市中加入现代生产的劳动力和闲置在农村从事低效的小农生产的劳动力在生产效率上有着巨大的差异，因此农村的劳动力处于一种事实上的“失业”状态，并不能对经济增长产生直接的作用，但毕竟劳动力的富余还是应该对经济存在隐性的正面作用。因此表现在实证结果上，就是拐点前的显著性不如拐点后的显著性。

同时需要注意的是劳动力系数和物质资本系数在拐点前后变化的关系。在模型（Ⅰ）中劳动力的系数从拐点前的 1.12 变大到了拐点后的 1.19，在比例上增加了 6.25%。但是此时，物质资本的系数从之前的 0.42

变大到了 0.46，从比例上增加了 9.52%，因此物质资本边际弹性的增加比例大于劳动力边际弹性的增加比例，从两者的相对大小的变化来看，拐点后资本边际效应的提高更多将会促进对于物质资本的投资，从而提高资本有机构成。而在模型（Ⅱ）中，劳动力的系数从拐点前的 1.69 变成了拐点后的 1.27，同时物质资本的系数还稳中有升，因此模型（Ⅱ）的结果同样证明其有利于拐点后资本有机构成提高。

老龄化指标对于经济的作用，无论在拐点前后，总体上都具备显著的正面作用。这种正面作用在理论上的合理性与前文说明相同。但是值得注意的是，这种正面作用在下降。该下降在实证结果中体现为两个方面：其一，是系数大小的变小；其二，是显著性的降低。这与我国老龄化程度的逐步加深应该存在联系。在拐点前虽然老年抚养比也在增加，但是劳动力供给完全不成问题，且此时老龄化程度还较轻，同时老年抚养比的增加又可以通过影响储蓄和教育产生正面作用，因此总的表现上是老年抚养比对于经济有较强的正面促进作用。而拐点后，虽然我国二元经济结构的大体形势还在，农村尚有一定的剩余劳动力存量，但是劳动力却不再具有无限供给的特点，想要增加劳动力供给就需要伴随工资的明显上涨等作为代价，此时老年抚养比上升所带来的负面影响就开始显现。同时从 3.3.4 节的分析可知老年抚养比对于储蓄率的促进作用的增速伴随着老龄化的加深越来越小。因此综合下来表现就是其边际弹性的降低，从而使得其在系数大小和显著性上都有一定的下降。并且在可以预见的未来，这种变化趋势应该会继续，因此并不能因为当前老年抚养比的系数仍为正，就认为老龄化对于未来中国经济的持续增长不会造成负面影响。

较为让人意外的是，在全时段显著为负的少儿抚养比，无论在哪个分时段模型的回归中显著性都很差，均被以很大的 P 值所拒绝，且系数正负不定。这说明少儿抚养比对于经济的解释作用，相比于老年抚养比来说不够稳定。即年龄结构变动中老龄化对于经济的影响更稳定。这可能是由于，相比于老龄化这种一旦人口年龄金字塔形成就几乎可以确定未来发展趋势的因素，少儿抚养比的变化更多地受到来自政策、社会、文化、经济等手段的调节。因此当采用分段回归时较容易将其他因素的影响带入少儿抚养比之中，从而影响其系数的显著性和正负。

两个人力资本的指标在拐点前后系数均为正，反映了人力资本对于经济增长的正面促进作用。但有意思的在于两个指标系数大小和显著性呈现相反的变化趋势。人均受教育水平经过拐点后系数明显变小，而高等教育人口占比的系数则变大了；人均受教育水平经过拐点后显著性降低了，而高等教育人口占比的显著性则增强了。这表明虽然统称为人力资本，但是对经济增长来说，不同属性的人力资本在不同的经济发展阶段中所发挥的作用是不同的。在我国经济早期的发展阶段，人均受教育水平所代表的一般劳动力技能知识水平的提升对于经济增长的作用更加显著；而在拐点之后高等教育人口占比所代表的高级人力资本则可以更好地适应新的经济和技术发展水平，并通过创新等路径实现对经济的作用，从而表现越发重要。之所以出现这种现象，本书认为与克鲁格（Krueger）、林达尔（lindahl）和温登布斯彻（Vandenbussche）等人所观察到的现象在某种程度上是一致的。克鲁格（krueger）和林达尔（lindahl）（2001）通过多国的对比数据发现基础教育对于富裕国家、中等收入国家、贫穷国家中的作用是不同的，尤其是在最富裕国家中，基础教育完全不具备对经济的正面作用。而温登布斯彻则通过对 OECD 国家数据的研究，发现对于处于 OECD 的这类最发达国家来说，必须要区分基础教育和高等教育对于经济的不同影响（Vandenbussche et al.，2006）。虽然我国当前还处于中等收入国家行列，但是我国当前状态与改革初期在经济总量、增长方式等方面无疑已经发生了巨大变化，对各教育阶段所形成的人力资本有着不同程度的需求，造成了这两种人力资本指标系数变动的不同方式。

从本书的实证结果看，我国在经过刘易斯拐点之后经济发展或主动或被动地逐步改变了过去的发展模式，从而使得拐点前后经济发展对于人力资本的构成有了不同的要求。在拐点前，我国处于典型的低收入国家模式，主要依赖资源和低廉的人工成本提供竞争力，此时生产对教育的主要要求是提供具备基本教育水平的劳动力；而在拐点后，与我国人均收入迈入中等偏上收入国家的行列，与之相伴的是，经济增长方式逐渐转向技术吸收和再创新的路径，此时经济对于人力资本的要求就会偏向高等教育所带来的新技术学习和创新能力。这体现在实证结果上就是，人均受教育年限和高等教育人数占比的系数所表现出的这种正好呈相反方向的变化。

5.6.2 GDP 的要素贡献率

要素的边际产出系数反映的只能是要素变化对经济增长的影响趋势和要素每变化一个单位时对经济所带来的影响大小，而没有考虑要素本身的历史变化趋势，因此无法反映各要素在经济增长过程的实际贡献水平。利用前面回归得到的模型，使用回归系数法分别测算各要素的贡献率。其计算公式为：$C_i = \frac{\beta_i g_i}{\tilde{g}_{GDP}} \times 100\%$，其中 i 表示对应的要素，分别为 K、L、Age 等；g_i 为对应的要素增长率；β_i 为对应的要素回归系数；$\tilde{g}_{GDP}$ 表示对应模型预测 GDP 的增长率。要素增长率和贡献率计算结果如表 5-6 和表 5-7 所示，其中表 5-6 各项为逐年增长率在对应时间段的均值，表 5-7 各项为逐年计算所得贡献率在对应时间段的均值。由于本节关注 1991 年到 2018 年间，各要素对于经济增长的贡献的变化情况，而分时段模型估计结果的部分要素回归系数的显著性不适用，不能用来进行贡献度分析。因此本节使用全时段下的两种回归结果进行贡献度分析。

表 5-6　各要素增长率

时间（年）	要素增长率%					
	g_K	g_L	$g_{Eduyear}$	$g_{Scholar}$	g_{Age}	g_{Young}
1991—1995	6.7	1.0	1.5	6.0	2.2	-0.8
1995—2000	9.8	1.8	2.3	9.3	0.8	-3.4
2000—2005	12.7	1.4	1.5	9.0	2.4	-3.9
2005—2010	18.9	1.1	1.5	7.7	-0.1	-2.7
2010—2015	17.7	0.5	1.3	9.4	1.2	-0.1
2015—2018	12.9	-0.2	0.9	6.1	5.1	0.9

表 5-7　各要素贡献率

时间（年）	全时段模型 I 要素贡献率%					
	$\tilde{g}_{GDP}$	C_K	C_L	$C_{EduYear}$	C_{Age}	C_{Young}
1991—1995	9.5	23.3	12.6	22.9	15.6	1.8
1995—2000	11.8	29.1	17.0	28.0	6.1	6.2
2000—2005	11.3	44.1	10.3	11.6	18.6	5.7
2005—2010	11.1	62.8	8.3	13.9	1.7	3.2
2010—2015	9.3	65.6	5.5	20.2	8.4	0.4

表5-7(续)

时间（年）	全时段模型Ⅰ要素贡献率%					
	$\tilde{g}_{GDP}$	C_K	C_L	$C_{EduYear}$	C_{Age}	C_{Young}
2015—2018	8.2	54.5	-2.4	13.7	41.2	-2.3
均值	10.4	45.2	9.3	18.3	16.3	3.5
时间（年）	全时段模型Ⅱ要素贡献率%					
	$\tilde{g}_{GDP}$	C_K	C_L	$C_{Scholar}$	C_{Age}	C_{Young}
1991—1995	9.0	23.1	16.4	18.9	17.9	1.5
1995—2000	11.6	27.7	21.6	22.5	5.9	4.9
2000—2005	12.1	37.1	14.4	18.7	13.5	4.7
2005—2010	10.9	56.8	11.9	18.2	0.9	3.2
2010—2015	10.1	57.0	6.3	24.2	8.4	0.3
2015—2018	8.9	49.3	-2.8	14.2	42.6	-1.7
均值	10.5	41.3	12.1	18.7	16.5	2.8

虽然全时段的两个模型的回归都较好，但是（Ⅰ）的拟合度更高，因此本节以该计算结果的要素贡献率展开论述。

（1）从物质资本的贡献率角度看，其对于我国经济的贡献度呈现一种先大幅上升，进入高位后稳中略降的整体态势。虽然其边际弹性并不是最大的，但是由于其可以伴随着经济发展而快速成长，因此从贡献率上看，物质资本投入对于我国经济发展的整个阶段来说，始终处于一个非常重要的地位。可以在表5-7中看到，在1991—1994年间我国的物质资本投入对增长的贡献率在23.3%，之后逐年上升，到了2005—2009年间物质资本投入对于经济的贡献率已经达到了60.5%；而与之相伴的是我国固定资本存量的增速从1991—1994年间的6.7%，变成了2005—2009年间的18.6%，增速提高了3.21倍。这反映出此段时间内我国的物质存量伴随着经济水平的提高而快速提高，并且这种物质资本要素的积聚效应带来显著的经济促进作用。

进入2010—2014年间，我国的固定资本存量的增速略微下降到了18.1%，但是物质资本投入的贡献率却增长到了68.0%。这反映出此时固定资本存量投入对于贡献率的提升效率有所增加。

之后2015—2018年间物质资本的经济贡献率下降为54.5%。但值得注意的是，该段时间物质资本投入增速的下降的程度更大，2015—2018年间物质资本的投入增长率降到12.9%，与2000—2009年间的11.9%的增速基本持平，但是此时物质资本的贡献率却仍有54.5%，比2000—2004年间物质资本贡献率仍高出20.8个百分点。这说明我国在一定程度上改变了过去简单要素积累的增长方式，使得物质资本的投入利用效率更加高效，从而使得在物质资本投入增速放缓的情况下，其增长贡献率仍能保持较高水平。

（2）从劳动力供给的贡献率角度看，劳动力贡献率自2000—2004年以后就呈现一种逐步下滑的态势，一直持续下滑直到2015—2018年间劳动力的贡献率跌到负数。该贡献率的变化和中国劳动适龄人口的变化趋势相一致。从《中国统计年鉴》提供的全国数据来看，我国的劳动适龄人口在2013年达到峰值以后开始逐年减少，这与本书的各省劳动人口加总的结论相同。开始时劳动适龄人口的减少幅度非常轻微，每年下降幅度只有0.1%左右，因此2010—2014年间的劳动力贡献均值还表现为很小的正数，但到了2017年和2018年时劳动适龄人口的下降速度已经到了每年1.5%的程度，使得2015—2018年间劳动力出现负增长，导致劳动力的贡献率为负，表明此时劳动力的减少对经济增长带来了压力。需要指出的是2015—2018年间劳动力的贡献度为负数，并不是因为劳动力对于经济社会的生产没有作用，而是因为在生产过程中很重要的劳动力在2013年以后开始减少，因此使得要想保持住经济增长的势头，就需要首先克服劳动力减少所带来的“釜底抽薪”式的增长压力。

（3）从年龄结构的变化的角度来看，由于本章老年抚养比和少儿抚养比与劳动适龄人口在同一个实证方程之中，因此年龄结构变动的劳动力供给路径的影响会体现在劳动力数量的贡献变动之中，此处老年抚养比和少儿抚养比的贡献率反映的是除了劳动力供给路径，其对于经济增长的影响。

其中老年抚养比的贡献率在1991年到2014年的五个时段中，在1.9%到17.7%之间波动；而到了2015年到2018年间，老年抚养比贡献达到了41.2%。这与2015年到2018年间，我国的老龄化水平的增长提速是密切相关的。在此之前我国的老年抚养比增速在整体上是比较稳定的。从历年

《中国统计年鉴》提供的全国历年老年抚养比计算得到增速，如图 5-1 所示。

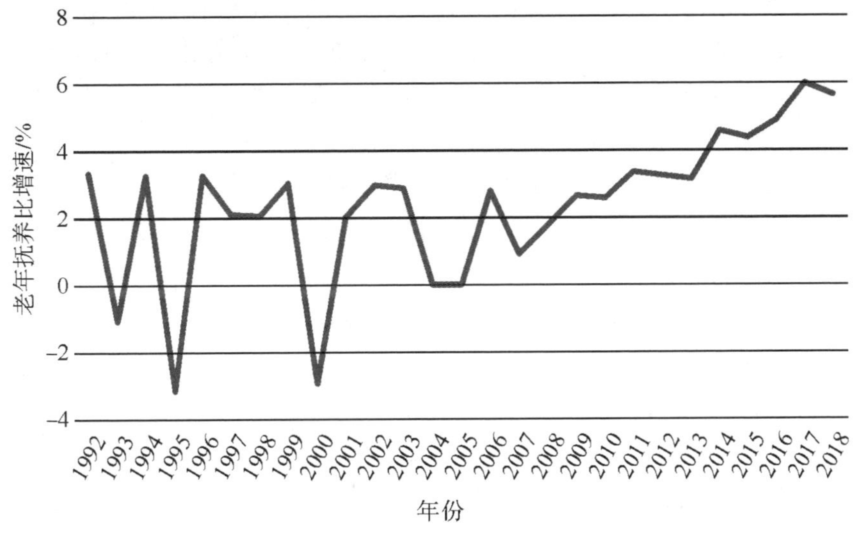

图 5-1　老年抚养比增速

资料来源：历年《中国统计年鉴》。

可以看到在 2013 年前我国的老年抚养比增长率基本上围绕 2%的水平波动；到 2014 年和 2015 年已经有所提速，在 4%的水平上波动；而在此之后增速进一步上升到了 2017 年和 2018 年间，增速已经达到了 6%的水平。这也造成了老龄化的经济增长贡献率在此后快速上升的现象。

同时需要注意的是，老年抚养比的边际弹性是小于劳动力的边际弹性的。因此老年抚养比增加在排除对于直接劳动力供给的负面影响后，虽然能带来正面的贡献率，但是如果将其和由于老龄化而减少的劳动力一起看，则老龄化这个现象整体对于经济增长还是起负面作用的。

少儿抚养比的贡献率最大的时段是 2000—2004 年间，也才 10.0%。因此其相比于其他要素的贡献率在绝对大小上是偏小的。由于我国在 2011 年前少儿抚养比在持续下降，因此从 1991 年到 2009 年的四个时段中，少儿抚养比的下降所带来的抚养负担减小效应对当时的经济增长有一定的贡献。此后我国的少儿抚养比处于低水平稳定的阶段，由此造成 2010 年到 2014 年间的贡献率为 1.1%，几乎可以忽略不计；而 2015 年开始少儿抚养比有小幅上涨，因此在 2015 年到 2018 年间的贡献率均值表现为一个微弱的负数。对比两个年龄结构指标的贡献率可以看到，我国少儿抚养比变动对经济增长的贡献率是小于老年抚养比变动对经济增长的贡献率的，这说明我国年龄结构变动中对于经济增长最主要的影响还是来自老龄化。

（4）从表 5-7 的人力资本的贡献率看，模型Ⅰ和模型Ⅱ计算所得的贡献率围绕 20% 波动。相比于其他要素而言，人力资本的贡献率相对更加稳定。

根据模型Ⅰ计算所得的劳动力和人力资本贡献率如图 5-2 所示，可以看到除了个别年份，其余年份人力资本的贡献率均要高于劳动力数量所带来的贡献率。

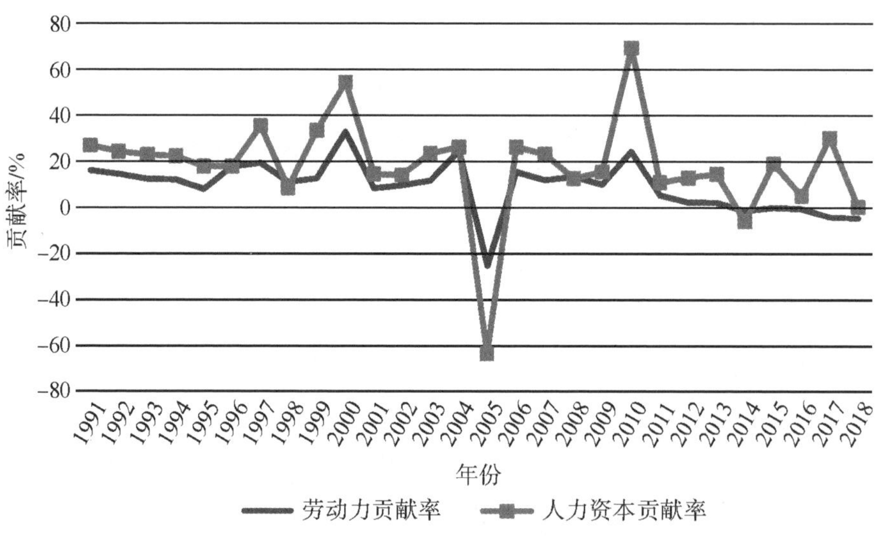

图 5-2　模型Ⅰ劳动力和人力资本贡献率

根据模型Ⅱ计算所得的贡献率（如图 5-3 所示），除了 1996 年、1998 年、2000 年、2004 年、2007 年、2008 年、2016 年的劳动力贡献率高于人力资本贡献率，其他年份也均为人力资本贡献率更高。并且在 2009 年以后，来自人力资本的贡献率就可以较为稳定地超过来自劳动力的贡献率。

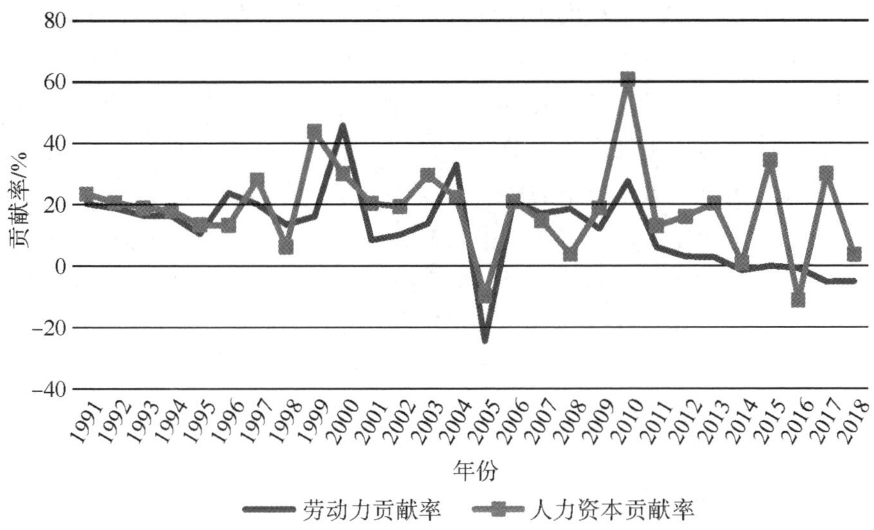

图 5-3　模型Ⅱ劳动力和人力资本贡献率

可见最迟在 2009 年后人力资本的贡献率就稳定地高于了劳动力的贡献率。需要指出的是，这种情况与其说是人力资本贡献率的提升导致的，不如说是因为劳动力贡献率的持续下降造成的。在这个过程中，劳动力数量由逐年增长到逐年减少；由过去增长的动力，逐渐变成经济增长的压力。而人力资本的贡献则相对稳定而持久，因此就造成了这里观察到的，来自人力资本的贡献率稳定超越了劳动力数量的贡献率。

5.7　本章小结

本章基于理论上的分析，将人口的数量、质量和结构三个因素纳入经济实证模型进行研究，分别选取国内生产总值表示经济规模、固定资本存量表示物质资本投入、劳动适龄人口反映人口数量所带来的劳动力供给效应、老年抚养比和少儿抚养比反映人口年龄结构的状态、平均受教育年限和受高等教人口占比来反映人力资本水平，检验不同指标的回归结果异同从而相互印证。给出了全部时段和分时段的实证结果，并从要素的边际生产率和对经济增长的贡献率两个角度进行了经济效应的分析。

首先，肯定了物质资本投入对于我国经济增长的主力军的作用。其在历年的贡献份额中均是最大的部分，并且通过历年贡献率和其本身增速的对比，发现在物质资本投入增速本身减缓的大背景下，其贡献率却能基本保持稳定。这说明了伴随经济转型，我国已经逐步从过去粗放式的要素积累方式，逐步迈向更加高效的增长方式。

其次，劳动力数量供给的短缺逐步对经济的持续增长带来了压力。其在一定程度上否定了认为“当前中国在农村仍有大量剩余劳动力，故劳动力供给仍然不构成经济增长瓶颈”的观点。这说明劳动力已经从早期的供过于求的状态，在 2004 年后转变为了供小于求的状态，并且伴随着 11 年后我国劳动适龄人口从增长变为减少，而来自劳动力数量减少的增长压力持续加大。

而人力资本增长贡献在多个模型的各要素对比中都是最稳定的部分。虽然所有要素都会受到经济和社会结构变迁的影响，人力资本的增长贡献率在这种影响下也有波动，但整体仍能保持稳定，为我国经济发展提供了恒定的动力。

最后，少儿抚养比的减少会通过降低抚养负担的方式对经济增长带来贡献，但是随着 2011 年我国少儿抚养比降低到 22. 1%的最低点以后，少儿抚养比就持续在低位徘徊，且从未来劳动力供给的角度看，我国的少儿抚养比不应再继续下降，因此未来少儿抚养比的变动将不能再为经济增长带来贡献。

而在模型中，老年抚养比的提升为经济增长提供了正面贡献，这是因为老年抚养比提升所造成的负面作用由于解释变量构成的原因表现在了劳动适龄人口的贡献率之上，而正面作用则表现在了老年抚养比的贡献率之上。值得注意的是，虽然此处老年抚养比正面的贡献率，似乎印证了蔡昉等人二次人口红利的说法，但本书从贡献率归因和边际弹性的角度分析认为，老龄化虽然可以通过储蓄增加、教育深化、影子贡献等方式提供一些补偿性的助益，但这些助益并不足以抵消适龄劳动人口减少的负面作用，因此老龄化整体上对经济增长仍然是不利的。

为了进一步检验老龄化的这种补偿性助益是否存在，本书下一章将从老年人对子女劳动参与率促进的角度进行实证，验证这种补偿性助益在人口的角度上是否存在。

6 老年人影子贡献：对人口年龄结构变动与经济增长关系的再认识

在通常的研究中，老年人和少儿往往被理解为纯粹的消费型人口，当作社会的抚养负担，只能对经济产生负面影响。但是上一章的实证结果却表明：虽然老龄化在整体上会对经济产生不利影响，但老年抚养比稳健的正系数和正的要素贡献率都说明老年人对于经济增长并不是一味地只有负面效果，而是具有一定正面作用的。对于这种正面作用，各学者从诸如预期导致的储蓄增加、教育深化、老年人再就业等角度进行过相应的论述和研究。本章则从老年人影子贡献的角度展开论述，说明老年人并不是退出劳动力市场以后就没有生产性了，而是仍然可以通过代际支持的方式发挥自身生产性，并在中国经济增长的历程中发挥了一定的正面作用。

从前文的文献研究中可以看出，老年人直接参与社会生产的效率总体上是比较低的。能够在退休后返聘的老年人本就是少数的，大部分老年人就算能克服年龄歧视等就业的不利因素，参与到劳动生产之中，其生产效率也相对较低。因此经济研究中将老年人当成消费型人口具有一定的合理性。但是这只是从直接进行劳动生产的角度来看问题，事实上经济生产是依附于社会才能进行的。社会的发展既是经济发展的目的，也是经济发展的基础和动力。因此，如果从社会整体的视角来看待该问题，则会让情况有所变化。

老年人自身虽然退出了劳动力市场，但是其可以通过帮助成年子女从事家务劳动、孙辈照料等方式，将成年子女从家务中解放出来，促进成年子女的劳动参与。离开了老年人的这种帮扶，就会有一部分成年子女被迫脱离劳动力市场，重返家务活动。所以这部分成年子女的劳动参与所带来的经济效益本质上是来老年人的代际支持。如果该说法成立，则不应该单纯地将老年人理解成消费人口，因为其可以通过“影子贡献”的方式为经济带来贡献，具有独特的生产性。从其他学者对祖辈代际支持以及祖辈与成年子女同住所产生效果的过往研究来看，主要研究结论都支持老年人代际支持对于子女劳动参与存在显著正面作用的结论。因此，老年人确实可以通过社会纽带，以为成年子女提供代际支持的方式，促进青壮年劳动力供给，为经济做出贡献。

老年人通过代际方式所做出的经济贡献之所以往往会被忽视，是因为常见的经济研究和实证中所关心的人口相关变量，多是适龄劳动人口和就业人口等直接作用于生产的部分。而社会支撑部分的作用则由于关注方向、数据隐晦等原因而常被忽略。由此在实际研究中，一方面在理论上承认和肯定社会支撑部门的价值和贡献，另一方面却对家务劳动等非市场化劳动的价值多有低估。

6.1 理论框架

本书将老年人影子贡献定义为：祖辈通过为成年子女提供代际劳务的支持，促进成年子女“额外”劳动参与，最终通过所带来的“额外”青壮年劳动力对经济产生的贡献。

对老年人影子贡献的大小进行测定需要关注两个方面：其一，是确定祖辈代际支持对于子女劳动参与促进作用的大小；其二是衡量劳动投入与经济之间的关系。

因此老年人的影子贡献可以表述为：

$$\text{影子贡献} = incLabor * EpL \tag{6-1}$$

其中 incLabor 代表了由于祖辈代际支持所促进的成年子女的劳动，而 EpL 代表单位劳动力对于产出的边际效应，即每增加一单位劳动力所能带来的经济效应。整个逻辑路线可以由图 6-1 表示：

第一，关于祖辈代际支持对于成年子女劳动的促进作用。根据已有的文献研究，来自祖辈的各类代际支持对于成年子女的劳动参与决策具有显著的影响。老年人的代际支持可以体现为：隔代照料孙子女、日常家务劳动帮助、经验传递，以及提升子女幸福感等多个方面。但根据已有研究来看，对于成年子女劳动参与影响最显著的是隔代照料孙子女和日常家务帮扶这两者。因此本书只考虑这两种形式的代际支持。

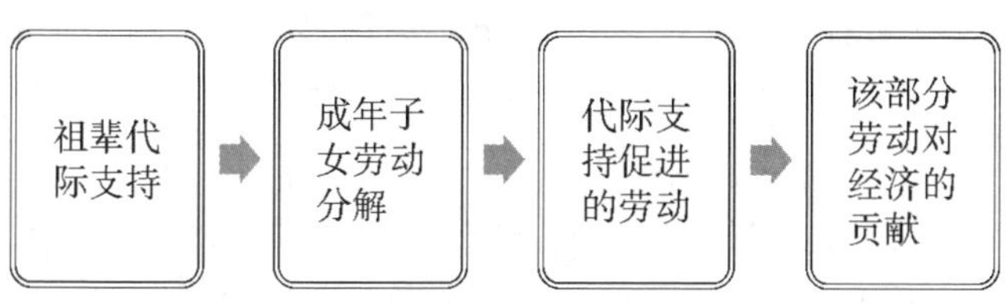

图 6-1　老年人影子贡献实证逻辑路线图

从图 6-1 中可以看出，老年影子贡献是通过老年人代际支持的方式实现的，而为了考察老年人对于子女的代际支持问题，就需要对这种代际支持的强度进行专门的抽样统计。因此本书选择中国家庭追踪调查（CFPS）的数据来对祖辈的代际支持在多大程度上促进了子女的劳动参与的问题进行实证，因其包含了对于隔代照料孙子女和日常家务劳动帮助两个代际支持主要类别的抽样数据。同时，由于各省的就业人口数据更加完整可得，为了对齐口径，此处选择就业率来代表劳动参与率。

第二，关于青壮年劳动力与经济之间的关系。本章将年龄别劳动力数据纳入实证分析，从而得到单位青壮年劳动力对于产出的边际效应。进而可以结合出第一点中老年人代际支持带来的“额外”劳动力推算出其所产生的经济效益。这部分经济效益就是老年人对于经济的贡献。

6.2　代际支持与子女就业情况实证分析

6.2.1　模型设定与样本选择

根据上一节中对于祖辈代际支持形式的分析，本书通过如下方程来进行建模：

$$WorkP_i = \alpha_1 + \beta_1 * gpc_i + \gamma_1 * gph_i + \delta_1 * X_i + \mu_1 \tag{6-2}$$

$$P(WorkP_i) = \frac{exp\ (\beta_1\ gpc_i + \beta_2\ gph_i + \delta X)}{1 + exp\ (\beta_1\ gpc_i + \beta_2\ gph_i + \delta X)} \tag{6-3}$$

其中被解释变量 $WorkP_i$ 为成年子女的就业率。解释变量 gpc_i 代表父母是否帮忙照顾孙子女提供隔代照料；gph_i 代表父母是否提供日常家务帮助；X_i 则代表其他控制变量，包括子女的年龄、性别、居住地、婚姻、受教育水平、家庭人均收入。方程（6-2）对应的是 LPM 模型，方程（6-3）对应的是 logit 模型。

从已有研究来看，由于文化传统和性别各自特点，祖辈代际支持对于成年子女的劳动参与的影响存在性别差异。因此本书除了对全部16岁到50岁人口进行回归，还会对性别参数分别进行回归。

由于本章使用成年子女的就业率来代表其劳动参与情况，因此根据《中华人民共和国劳动法》规定和匹配我国劳动适龄人口数据的目的，选择年满16岁作为年龄起点。同时由于本章考察祖辈对于成年子女的帮助，若成年子女年龄超过50岁，其父母年龄则可能达到75岁甚至更高，此时其父母身体条件恐怕很难再为子女提供有效的代际支持。因此选择50岁作为样本年龄选择的终点。

然后，通过16岁到50岁的成年子女为核心家庭成员，根据其配偶信息建立基础的夫妻家庭，之后再根据中国家庭追踪调查中的家庭关系数据库，找出其父母、配偶父母以及子女的相关信息，构建家庭树。

之后根据数据缺失情况，剔除统计不完整、质量较差的样本，最后有效样本数为10 171个。

6.2.2 数据来源

中国家庭追踪调查（CFPS）是一项全国性、综合性的社会追踪调查项目，旨在通过追踪收集个体、家庭、社区三个层次的数据，反映中国社会、经济、人口、教育和健康的变迁。CFPS的目标样本规模为16 000户，调查对象为中国（不含香港、澳门以及新疆维吾尔自治区、西藏自治区、青海省、内蒙古自治区、宁夏回族自治区、海南省）25个省/市/自治区中的家庭户和样本家庭户中的所有家庭成员。这25个省/市/自治区的人口约占全国总人口（不含港、澳、台）的95%，因此，CFPS的样本可以视为一个代表性样本。

其中，居住在传统居民住宅内的、家中至少有一人拥有中国国籍的一个独立经济单元，便可视为一个满足项目访问条件的家庭户。CFPS定义的家庭成员指样本家庭户中经济上联系在一起的直系亲属，或经济上联系在一起、与该家庭有血缘/婚姻/领养关系且连续居住时间满3个月的非直系亲属。其在2010年展开基线调查，共发放样本19 986户，最终完成了14 960户家庭、33 600名成人、8 990名少儿的访问。其在家户层面累计应答率为81.25%，合作率为96.58%，联系率为84.13%，拒绝率为2.67%；在个人层面应答率为84.14%，合作率为87.01%，联系率为

96.70%，拒绝率为 8.47%。从基线调查之后，每两年进行一次追踪调查。目前已经公开 2010 年、2012 年、2014 年、2016 年、2018 年的数据。从 2016 年的开始，数据包括了祖辈对于子女的代际支持的详细情况。由于我国家庭处于一个小型化的趋势之中（沈可 等，2012），祖辈代际支持有减弱的趋势，所以为了让祖辈代际支持数据能够对研究涉及的 2000 年到 2018 年都有较好的代表性，应该选择尽量中间的时间，最好能用 2010 年的数据。但是由于 CFPS 在早期统计中关于祖辈代际支持的内容不够详细，因此这里选择最早包含所需信息的 2016 年数据进行实证研究。

6.2.3 变量设定与统计说明

6.2.3.1 基本解释变量与被解释变量

（1）被解释变量：选择成年子女的就业情况为被解释变量。若中国家庭追踪调查的成人数据库中“当前工作状态”为“在业”，则赋值为 1；其余情况则赋值为 0。

（2）老年人代际支持变量：包括来自老年人的隔代照料和家务帮扶两个方面。①隔代照料变量：根据问卷调查中的问题“白天孩子由谁照管”和“晚上孩子由谁照管”来设置，若孩子由大于 60 岁的爷爷奶奶或者外公外婆照管则设置为 1，否则设置为 0。②家务帮扶变量：根据问卷调查中的“父亲是否帮你料理家务”和“母亲是否帮你料理家务”来设置，若有大于 60 岁的父母或公婆帮扶家务的情况则设置为 1，否则为 0。

（3）其他控制变量：①由于男女在传统社会分工上的差异，成年子女的性别对于其就业有着较为显著的影响，因此将个人性别作为控制变量引入模型，设置男性为 1、女性为 0。②成年子女自身的年龄也对其工作决策产生影响，例如当子女自身很年轻的时候就有更大可能从事读书学习等活动而不选再就业，因此将成年子女的实际年龄引入模型。③成年子女居住环境的城乡差异会通过可选择就业形式、社会服务获取难度等方式作用于子女的工作参与决策，城市设置为 1、乡村设置为 0。④成年子女的婚姻状况也会对其工作决策产生影响，例如有些女性会在结婚后选择从事家务劳动而退出劳动力市场，本书根据《中国家庭追踪调查》中的家庭关系数据库里的婚姻状态进行设置，在婚则设置为 1、否则设置为 0。⑤成年子女所受教育也会对其劳动决策产生影响。一般认为受教育水平对就业有正向影响，有较高教育人力资本的个人更有可能通过工作获得更加丰厚的回报，因此更有可能选择就业。本节通过个人最高学历折算成相应的受教育年限来对受教育水平进行度量：文盲或半文盲为0；小学毕业为6年；初中毕业为9年；高中、技校、中专以及职高毕业为12年；大专毕业为15年；本科及以上高等教育为16年。⑥同时家庭收入的多寡也会影响个人的劳动决策，例如吴愈晓认为我国90年代开始的女性劳动参与率下降就是因为家庭收入的增多而使得女性有更大自由选择的空间，从而主动选择退出劳动市场导致的（吴愈晓，2010）。本书对于家庭收入的度量采用家庭经济数据库中的“人均家庭纯收入”，并对其进行标准化。

表6-1汇总了各变量的描述性统计特征。

表6-1　变量描述性统计

分类	变量名	定义	样本量	均值	方差	最小值	最大值
被解释变量	WorkP	参与劳动=1	10 171	0.867	0.340	0	1
老年人代际支持变量	gpc	提供隔代照料=1	10 171	0.143	0.350	0	1
	gph	提供家务帮助=1	10 171	0.424	0.495	0	1
其他控制变量	age	子女年龄	10 171	39.948	7.247	16	49
	tb2_a_p	子女性别男=1	10 171	0.468	0.499	0	1
	cx	居住城市=1，乡村=0	10 171	0.493	0.500	0	1
	eduy	子女受教育年限	10 171	7.666	4.704	0	16
	marriage	子女婚姻状态=1	10 171	0.929	0.258	0	1
	fincome1_per	人均家庭纯收入	10 171	22 086.060	61 122.940	40	2 051 667

6.3　数据检测

6.3.1　内生性问题的讨论

解释变量与扰动项相关造成的内生性问题，其可能造成回归结果不一致。因此首先需要对内生性问题是否存在进行检验，若存在则应使用工具变量法进行规避，若不存在则可以正常回归。根据陈强对于变量内生性检验的描述（陈强，2014），可以通过豪斯曼检测和 Durbin-Wu-Hausman 检测来确定是否存在内生性问题。但该检测有效的前提与工具变量法能够使用的前提是一样的，即存在有效的工具变量。所谓“有效的”工具变量需要同时满足两个条件：一是相关性，即工具变量与内生解释变量相关；二是外生性，即工具变量与扰动项不相关。

其中外生性也被称为“排他性约束”，因为外生性意味着，工具变量影响被解释变量的唯一渠道是通过与其相关的内生解释变量。

但是在恰好识别的情况下，目前公认无法检验工具变量的外生性。这种情况下只能通过定性讨论的方式来进行。定性讨论通常需要基于以下逻辑：如果工具变量是外生的，则其对被解释变量发生影响的唯一渠道就是通过内生变量，除此以外别无其他渠道①。

不过，这在社会学研究中往往是很难实现的。例如在沈可等人的研究中，首先使用了“女性是否有存活兄弟”作为同住的工具变量，其理由是“在中国家庭在有男孩的情况下祖辈倾向于和男孩同住”（沈可 等，2012），但这只满足了相关性。“排他性约束”是否满足则很难说，比如如果存在兄弟则会由于孩子的数量和质量替代效应加上重男轻女思想的影响，让女性分配到更少教育投入；长期在重男轻女思想环境下长大的女孩更容易接受自我矮化的思想文化，从而使得其不愿或没有信心加入市场化竞争的劳动市场。这两条路径无疑会对女性的劳动参与带来影响，让排他性约束很难满足。其另一个工具变量“该女性在家中排行是否最小”，沈可等人用最小孩子离家最晚说明该成年子女更有可能与女父母同住，就算忽略掉中国长兄长女往往更多与祖辈同住进行赡养的习俗，假设这里的相关性成立，其“排他性约束”是否满足则仍有待讨论。比如由于其样本全部都是祖辈健在的成年子女，因此排行最小和父母健在两个条件就构成了对年龄的影响，同时满足这两个条件的女性应该是比较年轻的，而劳动适龄人口中不同年龄段就会对劳动参与率产生影响；排行最小意味着生育时间最晚，其出生时祖辈自身的年龄往往更大，可能会投注在孩子身上的精力更加有限，从而影响子女的教育情况（Black et al.，2005；Hotz et al.，2015），从而也会对子女成年后的劳动参与情况产生影响。

在过度识别情况下虽然有“过度识别检验”可以对“所有工具变量都

① 陈强：《高级计量经济学及 Stata 应用（第二版）》，高等教育出版社，第 143-144 页。

是外生的"的原假设进行检验。但是该检测技术要想成立有一个大前提，即至少该模型是恰好识别的。比如，如果只有一个内生变量，则进行过度识别检验时，需要隐含的假定至少有一个工具变量是外生的。因此即使接受了过度识别的原假设，也不能证明这些工具变量就一定是外生的。因为该检验的前提很有可能不满足。这就又绕回了上面恰好识别时所面临的定性讨论的情况。最终仍只能依靠定性讨论才能确定工具变量的外生性。而同样是讨论外生性，本章试图讨论祖辈代际支持变量本身的外生性。

在已有研究中，子女就业和祖辈代际支持是否具有内生性的研究是从子女就业和与父母同住之间的关系开始的。有的学者认为存在内生性问题（沈可 等，2012），有的则认为不存在内生性问题（Ogawa et al.，1996），焦点在成年子女就业与同住之间是否存在反向因果的关系。本章认为，与父母同住效果的研究和本章所采用的老年人代际支持在内生性的讨论上应该是不同的。因为是否与父母同住，是成年子女和父母双方意愿的表现，既要父母愿意又要子女愿意，因此当子女的就业决策需要与父母同住时，可以对同住与否产生反向因果。而本章所用的祖辈代际支持则有较强的独立性，其提供与否更多的是来自祖辈自身的意愿。

从法律和文化的角度来看，成年子女是自身生活和自己子女的第一责任人和监护人。在法律上祖辈并没有对成年子女提供代际支持的义务，成年子女无论是选择工作还是不工作，都无法对父母是否提供代际支持形成法律上的强制约束力。在文化上我国讲究的是成年子女孝顺父母，并没有要求父母就应该提供为成年子女照料小孩、收拾家务的额外代际支持。所以成年子女工作与否，也无法通过文化所形成的软约束来影响父母。因此祖辈是否提供代际支持，无论是从法律上看还是文化上看，都是源自祖辈的自愿行为，成年子女的就业决策不能通过硬软约束力来反向强迫祖辈提供代际支持。

同时从我国的实际情况来看，在老年人愿意提供代际支持的情况下，成年子女却不愿接受的情况是很稀少的。这一方面是由于相应社会服务相对匮乏或昂贵，另一方面是由于祖辈更加受成年子女信任。因此成年子女也不太可能故意阻止老年人提供代际支持。

因此成年子女既不能强迫老年人提供代际支持，也不会强行阻碍祖辈提供代际支持，反向因果的关系不成立。综合考虑下来，本书接受祖辈代际支持对于子女就业是外生解释变量的假设。

分别使用三种回归模型对全部子女、男性样本、女性样本和育龄期女性样本进行回归。如果存在很强的内生性问题，则应该会使得估计量无论多大的样本都无法收敛到真实总体参数，此时应该会很容易出现不同样本回归结果冲突、参数变化与理论预期不一致等现象。反过来说如果结果较为一致且符合理论预期，则可以认为再次验证了不存在内生性问题的假设。

6.3.2 异方差检测

异方差指的是扰动项方差 $Var(\varepsilon_i \mid X)$ 与观测样本 i 相关，从而违背球形扰动假设的问题。当异方差存在时，OLS 估计量依然是无偏、一致且渐进正态的。但是此时 OLS 的方差估计量会产生变化，从而造成一般 t 检验和 F 检验的失效，且会造成 OLS 效率降低不再是最佳无偏估计，为处理异方差带来的问题，回归时应使用“稳健标准误”代替一般标准误进行估计。根据陈强关于异方差检验的论述（陈强，2014），本书使用 white 检验和 BP 检验，检测模型中是否存在异方差问题。两个检验的原假设均为“同方差”，表 6-2 是两个检验的统计量和 P 值。从表中可以看出两个检验均以 1%的显著水平拒绝了“同方差”的原假设，因此存在异方差问题，回归中应使用稳健标准误。

表 6-2 white 检验和 BP 检验结果

	white 检验	BP 检验
统计量	1 001.98	720.71
P 值	0	0

6.4 全部子女参数回归结果

本节对全部子女参数进行回归，检验老年人代际支持对于全部子女的效果。根据前文检测结果分别采用 LPM、probit、logit 进行回归并使用稳健标准误代替一般标准误，结果如表 6-3 所示。

表 6-3 全部子女回归结果

		子女就业率 WorkP		
		LPM	Probit	Logit
祖辈	隔代照料	0.080***	0.379***	0.709***
	家务帮扶	0.028***	0.142***	0.262***
子女	年龄	0.009***	0.040***	0.075***
	性别	0.118***	0.636***	1.239***
	婚姻状况	0.015	0.150**	0.200
	居住地	-0.048***	-0.279***	-0.524***
	教育年限	0.004***	0.017***	0.028***
	人均家庭收入	0.010***	0.168***	0.439***
	常数项	0.391***	-0.929***	-1.786***
	F 值	87.15***	---	---
	Wald Chi2	---	619.94***	614.11***

注：***，**，* 分别表示在 1%，5%和 10%的统计水平上显著（下同）；

通过对比 LPM 模型、probit 模型与 logit 模型的估计结果，验证回归结果的稳定性。其中，本章所关注的两个祖辈代际支持变量在三种估计结果中的显著性和正负号上都是一致的，与其他变量系数的相对大小也一致。来自子女的控制变量大体也是如此，只是在婚姻状态变量的显著性上 probit 模型有所不同，这可能是 probit 模型对累积分布函数的不同假设而造成的，而 LPM 和 logit 模型的结果保持一致。因此可以认为其与本节的回归结果基本一致，是比较稳定的。

本节接下来使用 logit 回归模型的结果，分析老年人代际支持对于成年子女就业率的影响。为使用 logit 模型估算老年人代际支持对于全国的影响，本书首先假设由中国家庭追踪调查数据所得到的 logit 模型扩展到全国范围时，老年人代际支持所带来的概率比变化保持不变。

对于有多少成年子女享受到了来自祖辈的代际支持，没有特别一致的数据。因此本书根据 6.2.3 节的变量统计说明中，有效样本的隔代照料的均值为 14.3%①，而家务帮扶的均值为 42.4%。由于享受到隔代照料的子女绝大多数都会同时享受到家务帮扶②，因此本书粗略假设享受到隔代照料的子女都同时享受到了来自祖辈的家务帮扶。

按照此假设则有，全社会的 16 岁到 50 岁成年子女中有 14.3%同时享受到了祖辈提供的隔代照料和家务帮扶，令这些人的就业率为 p_2；而 42.4%享受到家务帮扶的子女中，扣除掉 14.3%同时享受到两种代际支持的子女，还有 28.1%的 16 岁到 50 岁成年子女只享受到了来自祖辈的家务帮扶，令这些人的就业率为 p_1；而剩下的 57.6%的成年子女则未能享受到来自祖辈的任何代际支持，令这部分人的就业率为 p。因此最后通过统计抽样实际观测到的人口就业率 p_{real} 应该是三者按比例的加权，即为：

$$p_{real} = 0.143\,p_2 + 0.281\,p_1 + 0.576p \tag{6-4}$$

需要明确的是 logit 模型回归所给出的系数并不是边界效应，而是概率比的变化程度。以某变量 x_1 增加了 1 个单位为例，记新的发生率为 p^*，旧的发生率为 p，则新的概率比和旧的概率比可以写为：

$$\frac{\frac{p^*}{1-p^*}}{\frac{p}{1-p}} = \frac{exp\ (\beta_0 + \beta_1(x+1) + \beta_2 x_2 + \cdots \beta_k x_k)}{exp\ (\beta_0 + \beta_1 x_1 + \beta_2 x_2 + \cdots \beta_k x_k)} = exp\ (\beta_1) \tag{6-5}$$

对应到本书所关注的老年人隔代照料和家务帮扶两个变量上，0 为“没有”，1 为“有”。因此享受到两种代际支持的成年子女就业率 p_2，只享受到家务帮扶的成年子女就业率 p_1，以及完全没有享受到代际支持的成年子女就业率 p 之间的关系应该满足（6-6）和（6-7）两式：

$$\frac{\frac{p_2}{1-p_2}}{\frac{p}{1-p}} = \exp(\beta_{gpc} + \beta_{gph}) = \exp(0.709 + 0.262) \approx 2.64 \tag{6-6}$$

① 由于最需要隔代照料的阶段是孙子女处于婴幼儿时期，考虑到中国的平均初婚年龄高于了 25 岁，同时为了排除掉孩子已经较大的人群，根据《中国家庭追踪调查 2016》的数据，对于 25 岁到 35 岁的有小孩的成年子女中有 45%享受到了来自老年人的隔代照料。

② 根据中国家庭追踪调查 2016 年的统计结果，享受到隔代照料的成年子女中 84%都同时享受到了家务帮扶。

$$\frac{\frac{p_1}{1-p_1}}{\frac{p}{1-p}} = \exp(\beta_{gph}) = \exp(0.262) \approx 1.3 \tag{6-7}$$

即有祖辈提供隔代照料和家务帮扶的成年子女的就业率的概率比，相比于无祖辈提供代际支持的成年子女就业率的概率比提高了 2.64 倍；仅享受到祖辈家务帮扶的成年子女的就业率的概率比，相比于无祖辈代际支持的成年子女就业率的概率比提高了 1.3 倍。

2010 年的第六次人口普查处于考察时段的中点，其大体可以代表此段时间 16—50 岁人口的就业率的中位数。根据所提供的数据计算 16 岁到 50 岁人口的就业率为 78.3%[①]。因此本书此处就按照此段时间中国的 16 岁到 50 岁人口实际劳动就业率 $p_{real}=78.3\%$ 进行计算，带入（6-4）（6-6）（6-7）构成的方程组求解可得，$p=0.750$，$p_1=0.796$，$p_2=0.888$。这表明没有任何祖辈代际支持的子女就业率为 75%，只享受了祖辈家务帮扶的子女就业率为 79.6%，同时享受了祖辈隔代照料和家务帮扶的子女就业率为 88.8%。

即若全部 16 岁到 50 岁子女都可以享受到来自祖辈的隔代照料和家务帮扶，则就业率可以在观测值 78.3%的基础上提高 10.5 个百分点；若都没有来自祖辈的任何代际支持，则就业率会在现有观测值 78.3%的基础上下降 3.3 个百分点。因此来自祖辈的代际支持对于全部 16 岁到 50 岁子女而言，最多提供 13.8 个百分点的就业率。这里需要注意的是，就业率的观测值是调查所得到的真实数值，按照本节假设其中已经包含了 14.3%的 16 岁到 50 岁享有祖辈全部代际支持的劳动人口，以及 28.1%只享有祖辈家务帮扶的劳动人口。

可以看出当前经济社会环境中，来自祖辈的代际支持已经为 16 岁到 50 岁的成年子女带来了额外的 3.3 个百分点的就业率。以该值乘以对应年份的 16 岁到 50 岁人口数（公式为 $L_{yg}=L_{16-50}*3.3\%$），即可得出我国 2000—2018 年老年人影子贡献所提供的青壮年就业劳动人口数，计算结果如表 6-4 所示。

① 该值根据第六次人口普查的长表数据资料《全国分年龄、性别的 16 岁及以上人口的就业状况》，使用其中 16 岁到 50 岁的就业人口数除以对应年龄人口数得到。

表 6-4　2000—2018 年影子贡献所提供的就业劳动力人数

（单位：万）

年份(年)	2000	2001	2002	2003	2004	2005	2006	2007	2008	2009
劳动力	2 417.914	2 423.126	2 427.081	2 429.907	2 423.626	2 365.454	2 381.976	2 378.52	2 378.803	2 404.502
年份(年)	2010	2011	2012	2013	2014	2015	2016	2017	2018	
劳动力	2 569.157	2 583.719	2 563.035	2 521.795	2 488.461	2 455.924	2 422.01	2 394.552	2 334.15	

表 6-4 呈现的即是从 2000 年到 2018 年我国由老年人影子贡献所提供的 16 岁到 50 岁的就业劳动力数量，表中可见每年所提供的劳动力就业数量最低都在 2 300 万，最高达到了 2 583 万，由此可见老年人的影子贡献对青壮年人口的就业发挥了显著的促进作用。

6.5　分性别样本回归结果

从文献回顾中可以看到，有的作者指出祖辈代际支持的效果在不同性别间存在较为明显的差异。因此本节将首先验证这种差异是否存在，如果存在则对其差异进行分析，并根据不同性别受影响的差异计算老年人影子贡献的大小。

考虑到 25 岁到 45 岁年龄段即是女性的主要生育年龄阶段，同时也是劳动生产率最高的阶段，也就是说女性的育龄期和生产率较高时期重合。因此本节再进一步分析以 25 岁到 45 岁的育龄期妇女作为样本时的回归结果作为对比。男性样本、女性样本和育龄期女性的回归结果如表 6-5 所示。从表中可以看到育龄女性在祖辈代际支持变量的两个系数均有一定程度的提高。

表 6-5　男性、女性和育龄期女性回归结果

		子女就业率 WorkP								
		男性样本			女性样本			育龄妇女		
		LPM	Probit	Logit	LPM	Probit	Logit	LPM	Probit	Logit
祖辈	隔代照料	0.015	0.178	0.388	0.134***	0.469***	0.808***	0.134***	0.509***	0.909***
	家务帮扶	0.015**	0.140**	0.287**	0.046***	0.174***	0.298***	0.051***	0.204***	0.356***
成年子女	年龄	0.000	0.001	0.002	0.015***	0.053***	0.093***	0.020***	0.074***	0.130***
	婚姻状况	0.084***	0.544***	1.058***	-0.071***	-0.290***	-0.560***	-0.067**	-0.288**	-0.528**
	居住地	-0.029***	-0.277***	-0.580***	-0.079***	-0.329***	-0.574***	-0.067***	-0.270***	-0.469***
	教育年限	0.003***	0.021***	0.038**	0.005***	0.017***	0.026***	0.007***	0.025***	0.043***
	人均家庭收入	0.006***	0.284*	0.772*	0.014***	0.138*	0.342	0.013*	0.087	0.209

表6-5(续)

		子女就业率 WorkP								
		男性样本			女性样本			育龄妇女		
		LPM	Probit	Logit	LPM	Probit	Logit	LPM	Probit	Logit
统计量	常数项	0.844***	0.983***	1.681***	0.229***	-0.999***	-1.692***	0.051	-1.772***	-3.146***
	F 值	10.57***	---	---	50.55***	---	---	32.74***	---	---
	Chi2	---	91.31***	99.24***	---	350.59***	347.53***	---	218.49***	218.85***

注：***，**，* 分别表示在1%，5%和10%的统计水平上显著。

首先，对比男性样本就业率模型的三个回归结果，各个影响因素的系数在显著性、正负号和相对大小上是一致的。因此可以认为男性样本的回归结果基本稳定，不因回归方法的变动而出现大的变动。

其次，对比女性样本就业率模型的三个回归结果，发现虽然在人均家庭收入系数的显著性上 logit 模型与其他两个模型存在差异，但其 P 值计算出来为 0.104 与 probit 模型的 p 值非常接近，且除此以外的各变量显著性均一致。总的来看三个模型的系数在显著性、正负号和相对大小上还是基本一致的。尤其对于本书所关注的代际支持变量来说，结果高度一致。因此本节认为女性样本的回归结果也基本符合稳定性要求。

最后，对于育龄期妇女的三个模型回归的结果进行对比，可以看出在老年人代际支持的系数正负和显著性上三个模型都是高度一致的。主要区别在于人均家庭收入的显著性上，LPM 模型中人均家庭收入的系数以 10%的程度显著，而 probit 和 logit 模型中该系数均不显著。这与全部女性样本的结果类似，是由于模型的假设不同使得系数的 P 值出现上下波动。从而使得原本 P 值就处于临界值附近的系数显著性发生变化。且人均家庭收入的显著性上虽然存在差异，但在正负号上仍是一致的。因此本节认为该结果也符合稳定性的要求。

从回归结果来看，在祖辈代际支持变量的男女对比中可以看出，隔代照料对于男性就业率的作用在所有模型中均不显著，而对女性的就业率影响参数显著且数值较大。这反映了我国子女照料主要由女性负责的社会文化，其导致统计结果上隔代照料对女性的就业产生更加显著的影响。同时应该看到，虽然男性样本的隔代照料系数并不显著，但是其系数仍然为正。这说明隔代照料对于青壮年男性的作用虽不如女性，同样具有一定的正面促进作用。

而来自老年人的家务帮扶对于男性的就业率影响系数在三个模型下皆

显著，但是全部小于女性样本的系数，说明家务帮扶虽然能够促进男性的就业参与率，但是相比于女性而言则是偏弱的。不过家务帮扶系数在男性和女性之间的差距远小于隔代照料系数的差距，这说明相比于幼年子女的照料来说，家务劳动虽然仍是女性承担较多，但男性也同样会承担相当一部分。

因此综合来看，来自祖辈的代际支持主要对女性的就业率起到正面促进作用；对男性的就业率也有正面促进作用，但是影响相比女性来说相对较小。

同时从女性样本和全部子女回归结果的对比中可以看到，女性就业率的回归结果在隔代照料和家务帮扶变量的系数上均大于6.4节中全部子女的回归结果的对应系数。这也反映出在全部子女中，老年人的代际支持主要通过影响女性子女产生作用。因此本节接下来着重计算祖辈影子贡献对于青壮年女性就业的影响情况。

与6.4节类似，本节依然使用logit模型的结果计算老年人影子贡献所带来的就业率提升百分点。在使用2010年的普查数据中，女性16岁到50岁就业率：72.7%[①]，作为实际观测到的就业率 p_{real} 进行计算。

与6.4节进行一样的假设，即14.3%的成年女性享受来自祖辈的全部两种代际支持，其就业率为 p_2；28.1%的成年女性只享受到来自祖辈的家务帮扶，其就业率为 p_1；而剩下的57.6%则没有享受到来自祖辈的任何代际支持，其就业率为 p。之后通过方程组（6-7）（6-8）（6-9）可得，$p = 0.683$，$p_1 = 0.744$，$p_2 = 0.868$。即没有享受到任何祖辈代际支持的女性就业率为68.3%，只享受到祖辈家务帮扶的女性就业率为74.4%，享受到全部祖辈代际支持的女性就业率为86.8%

$$\frac{\frac{p_2}{1-p_2}}{\frac{p}{1-p}} = \exp(\beta_{grc} + \beta_{grh}) = \exp(0.808 + 0.298) \approx 3.02 \qquad (6\text{-}7)$$

① 该值根据第六次人口普查的长表数据资料《全国分年龄、性别的16岁及以上人口的就业状况》，使用其中16岁到50岁的女性就业人口数除以对应年龄的女性人口数得到。

$$\frac{\frac{p_1}{1-p_1}}{\frac{p}{1-p}} = \exp(\beta_{gph}) = \exp(0.298) \approx 1.34 \tag{6-8}$$

$$p_{real} = 0.143\,p_2 + 0.281\,p_1 + 0.576p \tag{6-9}$$

即若全部16岁到50岁女性都可以享受到全部祖辈的代际支持，则其就业率可以在观测值72.7%的基础上再提高14.1个百分点；若全部都没有享受到来自祖辈的代际支持，则就业率会在观测值的基础上再降低4.4个百分点。因此代际支持对于16岁到50岁的女性而言，最大可以提供18.5个百分点的就业率。

作为对比，沈可等人使用2002年的数据进行研究时，其实证结论中提到“与父母亲同住使女性就业率显著增加24.3个百分点”（沈可 等，2012）。该值是大于本节所得到的结果18.5%的，这可能是由于两个方面：一方面其数据选择的时间是2002年，当时的经济社会环境相比于本书所用的2016的数据更加有利于老年人发挥代际支持的作用（曲嘉瑶 等，2011）；另一方面，则可能是由于本书和其在子女年龄范围的选择上存在差异，其选择的是35岁到60岁的女性，而本书选择的是16岁到50岁的女性，两者并不能完全等同。因此考虑到上述的差异，老年人的代际支持提供的女性就业率都在20%的左右，还算比较一致的结论。同时对比卢洪友等人使用中国家庭追踪调查2010年到2014的结果，其所得到享受到老年人隔代照料的子女比例在20.2%（卢洪友 等，2017），这是高于本书所用的成年子女中享受到来自祖辈的隔代照料的比例14.3%的，这应该是由于一方面其成年子女的口径是从20岁算起；另一方面则是由于其所使用的数据时间更早，当时的社会环境更有利于老年人提供代际支持。从对比中可以看出，本书用2016年数据计算所得到的老年人代际支持对子女就业率影响的大小以及代际支持的普及程度，都受到社会环境变化的影响而处于历史低点，因此本章所推算得到的历史数据应该是低于历史上老年人代际支持所带来的实际贡献的。

从计算结果可以看出，在当前经济社会环境中，祖辈的代际支持已经为16岁到50岁女性提供了4.4个百分点的就业率。计算我国2000年到2018年间，影子贡献所提供的16岁到50岁女性就业人口数为 $L_{ygn} = L_{n16-50} * 4.4\%$，结果如表6-6所示。

表 6-6　2000—2018 影子贡献所提供的 16 岁到 50 岁女性就业劳动力人数

（单位：万人）

年份(年)	2000	2001	2002	2003	2004	2005	2006	2007	2008	2009
女性劳动力	1 611.943	1 615.417	1 618.054	1 619.938	1 615.751	1 576.97	1 587.984	1 585.68	1 585.868	1 603.001
年份(年)	2010	2011	2012	2013	2014	2015	2016	2017	2018	
女性劳动力	1 712.771	1 722.479	1 708.69	1 681.197	1 658.974	1 637.282	1 614.673	1 596.368	1 556.1	

从表 6-6 可以看出，老年人影子贡献所带来的女性就业劳动力在 1 600 万人左右，而上一节中老年人影子贡献对于全部 16 岁到 50 岁人口产生的就业在 2 300 万人左右，占比 70%。这表明老年人影子贡献对于劳动力就业的支持更多地体现在女性身上。

与全部 16 岁岁到 50 岁女性样本的对比，在假设不变的条件下，以 2010 年第六次人口普查统计到的育龄期女性就业率的观测值 81%①，计算可得其无代际支持时的就业率为 77.3%，只享受家务帮扶的就业率为 83.0%，享受全部代际支持时的就业率为 92.3%。即若全部育龄女性都享有全部代际支持则可以在观测值 81%的水平上提高 11.3 个百分点；若完全没有来自祖辈的任何代际支持，其就业率将在 2010 年观测值 81%的水平上下降 3.7 个百分点。因此综合来看，代际支持可以为育龄期女性最大带来 15 个百分点的就业率提高。从该结果可以看到对于育龄期女性而言，虽然老年人代际支持的系数更大，但是所带来的就业率变化的百分比是小于全部 16 岁到 50 岁女性的。这是由于对于全部 16 岁到 50 岁女性而言，其是从一个较低的水平开始提高，因此提高相对容易；而 25 岁到 45 岁女性本身就业率就很高，“百尺竿头”更进一步的难度自然更大。这从第六次人口普查的各年龄段女性就业率的柱状图 6-2 中就可以看出，其中 25 岁到 45 岁女性就业率处于明显的峰值。该年龄段女性在承担生育和抚养责任的同时，仍具有最高的就业率。这说明其本身相比于其他年龄段女性来说，就具有最强的就业意愿和能力。

---

① 该值根据第六次人口普查的长表数据资料《全国分年龄、性别的 16 岁及以上人口的就业状况》，使用其中 25—45 岁就业的女性人口除以对应 25—45 岁女性人口数得到。

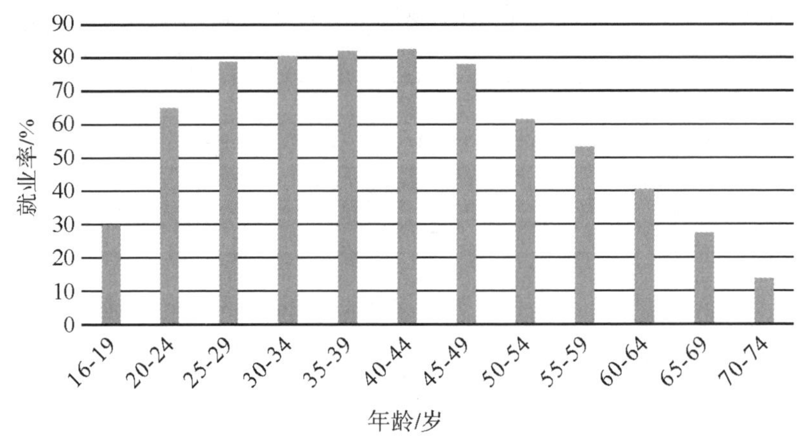

图 6-2 各年龄段女性就业率

资料来源：第六次人口普查。

因此，虽然老年人的代际支持能够提高其就业率，但是即便没有老年人的代际支持，该育龄女性也会更有可能发挥主观能动性，通过找寻保姆等方式保持较高的基础劳动参与率。因此就出现了此处虽然育龄女性的代际支持系数更大，但实际带来的百分比变化反而小于全部女性的结果。

6.6 劳动力投入与国内生产总值关系

为了测算祖辈影子贡献所带来的青壮年劳动力供给对 GDP 的作用，本节使用我国省际面板数据对 2000 年到 2017 年的劳动力投入与 GDP 之间的关系进行实证，进而估算影子贡献对于 GDP 的影响。

6.6.1 模型设定与变量选择

本节实证的关注点在于青壮年劳动力投入对于 GDP 的影响，这与第 5 章的研究目的存在不同。首先，这反映在本章的实证需要对劳动适龄人口内部的不同年龄段劳动力对经济的作用进行关注。其次，由于老年人影子贡献所带来的额外劳动力必然是伴随着其自身的人力资本的，这些人力资本之所以能投入实际生产也是因为老年人影子贡献所致。因此实证方程中不再需要将人力资本单独列出作为控制变量。最终将本节的实证方程写为：$Y = A K^{\alpha} L_1^{\beta_1} L_2^{\beta_2} e^{\varepsilon}$ 。其中 A 代表综合生产率，K 代表生产过程中的物质资本投入，而 L_1 ，L_2 分别代表了生产过程中的 16—50 岁就业人口和 50 岁以上的就业人口。其本身是非线性关系，因此须通过对数变换将方程变为双对数模型。最终实证方程的表达式为：

$$ln\ Y_{it} = lnA + \alpha ln\ K_{it} + \beta_1 ln\ L_{it1} + \beta_2 ln\ L_{it2} + \mu_i + \upsilon_t + \varepsilon_{it} \quad (6\text{-}10)$$

其中，μ_i 代表个体固定效应，υ_t 代表时间固定效应，ε_{it} 则为误差项。Y_{it} 表示 i 省在 t 年的产出水平，用 GDP 作为指标。K_{it}，L_{it1}，L_{it2} 分别表示对应省份 i 在 t 年的物质资本投入（用固定资本存量表示）、16—50 岁劳动力投入和 50 岁以上劳动力投入（用对应年龄别的就业人口表示）。其中为了去掉价格影响，产出和物质资本投入均使用 1990 年不变价。

6.6.2 数据来源与统计特征

基础数据来自《中国统计年鉴》、各省的统计年鉴、第五次人口普查和第六次人口普查数据，以及《中国人口和就业统计年鉴》。由于部分省份 2018 年的就业数据缺失，因此数据截止时间选为 2017 年。对于其他缺失数据的年份使用前后年份的线性插值进行补充。其中分省分年龄就业人口由各省就业人口数据和历年全国就业人口各年龄占比数是推算得到的。而固定资本存量以及各省 GDP 数据与第 5 章所用来源和计算方式相同，不再赘述。各变量统计特征如表 6-7 所示。

表 6-7 各变量统计特征

变量	变量名称	单位	样本量	均值	方差	最小值	最大值
国内生产总值	GDP	亿元	558	5 339. 81	5 605. 43	65. 34	33 517. 23
固定资本存量	K	亿元	558	14 354. 53	16 249. 12	144. 49	102 872
16-50 就业人口	L1	万人	558	1 815. 96	1 262. 37	91. 76	5 052. 28
50 岁以上就业人口	L2	万人	558	629. 26	438. 25	32. 42	1 833. 89

6.6.3 数据检验

6.6.3.1 单位根检测

为了防止时序数据的伪回归问题，保证实证结果的有效性，本节首先进行单位根检测，判定变量的长期稳定性。根据面板数据单位根检测的原理，需要分别对：（Ⅰ）包含截距项和趋势项、（Ⅱ）只包含截距项和（Ⅲ）两者都不包含三种情况进行检测。当三种情况下均不能拒绝"存在单位根"的原假设时，则认为该序列是非平稳序列。如果三种情况中有一种可以拒绝"存在单位根"的原假设，则认为该序列不存在单位根，因而是平稳的（李子奈 等，2010）。针对同质性和异质性面板数据的单位根检测有多种方法，其中较为常用的有 LLC 检测、IPS 检测和 Fisher-ADF 检测。表 6-8 给出了三种检测方法的结果。表中结果显示，三种检测中的（Ⅰ）、（Ⅱ）、（Ⅲ）情况中各变量至少在一种情况下显著拒绝了"存在单位根"的原假设。因此，可以认为各变量是平稳的时间序列，采用面板数据回归不会造成伪回归从而影响实证结论的可靠性。

表 6-8　各变量单位根检测

检验	类型	lnGDP	lnK	lnL1	lnL2
LLC	（Ⅰ）	-5.522 0***	-3.025 0***	-1.728 1**	-11.933***
	（Ⅱ）	-13.080 5***	-7.191 4***	-4.037 6***	-4.540 1***
	（Ⅲ）	9.440 8	7.372 0	5.084 9	4.550 4
IPS	（Ⅰ）	-1.340 6*	-2.596 5***	-1.285 9*	-1.285 8**
	（Ⅱ）	-5.956 8***	-3.353 0***	2.403 3	3.987 9
	（Ⅲ）	-	-		
Fisher-ADF	（Ⅰ）	284.316 2***	219.880 6***	143.518 6***	120.777 0***
	（Ⅱ）	192.816 5***	147.167 2***	71.108 4	71.107 5
	（Ⅲ）	-	-	-	-

注：***，**，* 分别表示 p<1%，p<5%，p<10%；（Ⅰ）（Ⅱ）（Ⅲ）分别表示包含截距项和趋势项、只包含截距项、两者都不包含

6.6.3.2　混合效应、固定效应和随机效应检测

1. 混合效应或固定效应

根据陈强对于混合回归和固定效应选择的论述（陈强，2014），可以通过对原假设"H_0：$all\ u_i=0$"的 F 检验和 LSDV 回归个体结果的检验进行。结果如表 6-9 所示：

表 6-9　混合效应和固定效应检测

	统计量
F 值	106.65***
LSDV-chi2	1 805.35***

注：***，**，* 分别表示 p<1%，p<5%，p<10%。

从表 6-9 中，可以看到无论哪个时段均显著地拒绝了原假设，即认为固定效应明显优于混合回归。

2. 固定效应和随机效应检测

根据陈强对于固定效应和随机效应检测的论述，有豪斯曼检测和自助法两种方式（陈强，2014）。检验结果如表 6-10 所示，其中豪斯曼检验以较低的显著性，拒绝了“u_i 与 x_{it}，z_{it} 不相关”的原假设，但是由于对模型分别采用聚类标准误和普通标准误进行回归时，结果的误差项之间的相差较大。根据陈强的论述，此时应该以自助法的结论为准，因此本节应使用随机效应模型。

表 6-10　固定效应和随机效应检测

	统计量
豪斯曼检测	7.60*
自助法-Chi2	2.911

注：***，**，* 分别表示 p<1%，p<5%，p<10%。

3. 随机效应和混合效应检验

根据陈强的论述，对于随机效应和混合效应选择的论述可以通过 LM 检验进行。检验结果汇报在表 6-11，从表 6-11 中结果可以看出其强烈地拒绝了“$\sigma_u^2 = 0$”的原假设，即认为存在一个反映个体特性的随机扰动项，应该使用随机效应模型。因此综合 3 个检验来看应该使用随机效应模型。

表 6-11　随机效应和混合效应检测

	统计量
LM 检测	3 202.01***

注：***，**，* 分别表示 p<1%，p<5%，p<10%。

6.6.4 回归结果

本节汇报随机效应模型，FGLS 和 MLE 两种方式下回归得到的结果如表 6-12 所示。

表 6-12 回归结果

变量	FGLS	MLE
lnK	0.572 953***	0.572 502***
lnL1	0.702 924***	0.705 926***
lnL2	-0.058 89	-0.057 93
截距项	-1.798 56***	-1.821 93***
Wald chi2（2）	3 619.20***	---
LR chi2（2）	---	1 673.83***

注：***，**，* 分别表示 p<1%，p<5%，p<10%。

可以看到两个回归的结果在显著性和系数上几乎相等，因此后续估算中选择 FGLS 的结果进行影子贡献对 GDP 贡献的估算。

6.6.5 经济结果分析

从系数上看，最引人注目的就是 50 岁以上就业人口的系数不显著，其边际效用可以视为 0；而同时 16 岁到 50 岁就业人口的系数显著且最大。这一结果与劳动年龄人口的劳动生产率随着年龄呈现倒 U 形曲线的理论相一致。

该结论与汪伟对中国劳动生产率与年龄结构的研究结论类似（汪伟等，2019），虽然汪伟对中老年劳动力的范围设定是 45 岁到 64 岁，与本书的 50 岁到 64 岁存在细微差异，但是实证结果与本书类似，同样得出了中国劳动生产率在青壮年显著为正，而到了中老年则系数不再显著，因此其也认为中老年的边际劳动生产率为零。

以该回归结果，可推算每减少 1 000 万人 16—50 岁的就业人口，对应减少的 GDP 总量和百分比，其历年结果如表 6-13 和表 6-14 所示。

表 6-13　历年每减少 1 000 万 16—50 岁就业人员损失 GDP 占当年 GDP 百分比

单位:%

年份(年)	2000	2001	2002	2003	2004	2005	2006	2007	2008	2009
损失占比	1. 635 134	1. 622 685	1. 605 768	1. 587 727	1. 560 347	1. 537 963	1. 514 731	1. 512 621	1. 498 049	1. 472 108
年份	2010	2011	2012	2013	2014	2015	2016	2017	2018	
损失占比	1. 388 367	1. 351 922	1. 363 379	1. 359 63	1. 360 365	1. 341 832	1. 345 464	1. 347 595		

表 6-6　历年每减少 1 000 万 16—50 岁就业人员所对应的 GDP 损失估算

单位：亿元

年份(年)	2000	2001	2002	2003	2004	2005	2006	2007	2008	2009
GDP 减少	990. 186 4	1 050. 041	1 119. 619	1 213. 787	1 324. 019	1 455. 974	1 606. 527	1 773. 458	1 947. 569	2 179. 907
年份(年)	2010	2011	2012	2013	2014	2015	2016	2017	2018	
GDP 减少	2 428. 531	2 650. 029	2 892. 322	3 162. 005	3 443. 526	3 736. 307	4 022. 517	4 270. 891		

从 16 岁到 50 岁就业人口减少对历年造成的 GDP 损失的绝对量来说，其是逐年递增的，从 2000 年的 990 亿元的损失，到 2017 年近 4 270 亿元的损失，其影响幅度这 4. 3 倍以上。这反映出伴随我国经济增长中，每个劳动力所能带来的产出是在不断增加的。但同时从损失 GDP 占比来看，其又是在缩小的，从 2000 年的 1. 63%到 2017 年的 1. 34%。之所以会出现这种绝对量的变化和相对量的变化倒挂的现象是因为资本技术构成和资本有机构成的提高一方面使得人均产出变多，带来了绝对量的上升，另一方面使得物质资本在生产中发挥了越来越大的作用，劳动占比的相对影响下降。

6. 7　老年人影子贡献对 GDP 的影响估算

本节估算祖辈的影子贡献所提供的劳动力对于 GDP 的影响，即假设没有影子贡献所提供的劳动力，按照 6. 6. 4 节回归所得到的方程推算 GDP 应该会减少多少，将该部分 GDP 就视为来自影子贡献。为了进行估算，本节进行如下假设：①影子贡献所促进产生的劳动力按就业人口比例均匀分布在各个省份。②进行估算时，去掉影子贡献带来的劳动力不造成生产函数参数变动。

影子贡献计算公式为：影子贡献 = $\widehat{GDP} - \widehat{GDP}_y$ ，其中 $\widehat{GDP}$ 表示根据原数据估算出的 GDP，$\widehat{GDP}_y$ 表示去掉影子贡献带来的劳动力后估算出来的

GDP。虽然女性样本在分性别回归中相比男性有更高的系数，且隔代照料系数只对女性显著，但全部子女的回归中各系数同样显著，且家务帮扶对于男性样本同样具有正面作用。因此本节分别给出影子贡献对于全部子女和女性样本的结果。进行各省市加总后，全国影子贡献带来的 GDP 估算结果如表 6-15 所示。

表 6-15　历年老年人影子贡献

年份（年）	$\widehat{GDP}$（亿元）	全部子女影子贡献		女性样本影子贡献	
		GDP（亿元）	GDP 占比（%）	GDP（亿元）	GDP 占比（%）
2017	316 926. 9	9 423. 48	2. 97	6 469. 92	2. 04
2016	298 968. 8	8 951. 51	2. 99	6 148. 80	2. 06
2015	278 448. 2	8 405. 95	3. 02	5 776. 13	2. 07
2014	253 132. 5	7 836. 08	3. 10	5 384. 14	2. 13
2013	232 563. 6	7 270. 79	3. 13	4 997. 33	2. 15
2012	212 143. 7	6 745. 94	3. 18	4 635. 83	2. 19
2011	196 019. 3	6 210. 58	3. 17	4 270. 85	2. 18
2010	174 920	5 673. 94	3. 24	3 899. 49	2. 23
2009	148 080. 6	4 810. 68	3. 25	3 306. 91	2. 23
2008	130 007	4 257. 33	3. 27	2 926. 84	2. 25
2007	117 244. 1	3 877. 88	3. 31	2 665. 55	2. 27
2006	106 060. 2	3 518. 12	3. 32	2 418. 02	2. 28
2005	94 668. 98	3 173. 35	3. 35	2 180. 00	2. 30
2004	84 854. 18	2 960. 15	3. 49	2 030. 01	2. 39
2003	76 448. 12	2 728. 16	3. 57	1 868. 75	2. 44
2002	69 724. 85	2 517. 71	3. 61	1 723. 62	2. 47
2001	64 710. 07	2 359. 25	3. 65	1 614. 79	2. 50
2000	60 556. 91	2 220. 74	3. 67	1 519. 94	2. 51

从表 6-15 中可以看到从 2000 年到 2017 年间，老年人通过代际支持所带来的全部影子贡献在 2. 97%到 3. 67%之间，其中通过女性带来的影子贡献在 2. 04%到 2. 51%之间。同时可以发现影子贡献处于一种下滑的状态。

对于全部子女而言影子贡献在 2000 年的占比是 3.67%，但是到了 2017 年的时候就只有 2.97%，女性样本也有类似的下滑趋势。不过同时影子贡献所带来的绝对 GDP 的数量却在增加。这种现象与 6.6.5 节中对每减少一千万人所影响 GDP 数量增加和占比减少的现象是同样的原因。

需要指出的是本节估算得到的老年人影子贡献，相比于绝大部分年份的实际值应该是偏小的，原因有二：（1）老年人对于子女工作时间的促进作用没有进行考量；（2）同时本书选择的 CFPS 的时间节点是较为靠后的 2016 年数据，而我国自 2000 年以来各种变化是向着不利于老年人发挥影子贡献的方向发展的。根据相关统计，2000 年城市中与老人同住的家庭还有 56.7%，但是到了 2006 年就只剩下 47.8%（曲嘉瑶 等，2011）。作为对照，沈可等人使用 2002 年数据的研究中，与祖辈同住对于女性的劳动参与率影响在 24.3 个百分点以上（沈可 等，2012），高于本书的女性劳动参与率 18.5 个百分点的影响。故老年人的代际支持自 2000 年以来由于经济社会的环境变化，在效用大小和普及程度上很可能处于一个下降的过程。所以这里绝大部分年份处于一个低估的状态，两个可能例外的年份是 2017 年和 2018 年。

综上，本书得到了自 2000 年以来我国老年人影子贡献在 GDP 的平均占比。其中仅通过女性子女所产生的影子贡献 GDP 占比在 2.04%到 2.51%之间，通过全部子女产生的影子贡献的 GDP 占比为 2.97%到 3.67%。

6.8 本章小结

本章首先提出了老年人影子贡献的概念，用于描述老年人通过代际支持促进成年子女参与劳动的方式对经济做出间接贡献的生产性。之后通过“中国家庭追踪调查”的数据测算了祖辈隔代照料孙子女和进行家务帮扶对于成年子女就业的影响。然后使用“中国统计年鉴”和各省统计年鉴的数据计算了 2000 年到 2017 年间，GDP 与资本、分年龄劳动力之间的关系。最后综合两者，得到了 2000 年到 2017 年历年老年人影子贡献所占 GDP 的份额。

可以看到对于全部子女而言，享受到来自祖辈的全部代际支持可以使其就业率提高 13.8 个百分点。尤其对女性而言，若能享受到祖辈全部的代际支持，其就业率提高程度达到了18.5个百分点。因此老年人的代际支持对成年子女的就业率具有明显的促进作用。但是由于只有14.3%的成年子女享受到了来自祖辈的全部代际支持，28.1%的成年子女仅享受到了家务帮扶，因此影子贡献对于全社会16岁到50岁全部人口和女性人口的就业率实际提高分别为3.3和4.4个百分点。从该处可以看出，要提高影子贡献所发挥的作用，提供有利于老年人发挥代际支持的经济、社会和文化条件，让更多的子女享受到来自祖辈的支持也是至关重要的。

需要指出的是，本书虽然提出影子贡献的概念并测算出其占GDP贡献的比例，但这只是对于过去被忽略的老年人生产性的正视，其间并没有提及老年人需要照料等消费性的部分，也无意说明老年人的增多，社会老龄化的加重是有益于社会经济发展的现象。事实上按照2010年的第六次人口普查数据，当年60岁以上老年人约占总人口的13.32%，但其对应的影子贡献GDP所占比例仅为3.24%。其GDP贡献比例是低于所占人口比例的。因此本章并不能回答综合考虑生产和消费之后的老年人口净经济作用的正负和大小。

重新审视老年人影子贡献的概念，可以认为老年人影子贡献本质上是由于社会家庭所自带的组织性，给老年人参与社会大生产提供的一条“隐蔽”路径。之所以称之为“隐蔽”，是因为在经济统计中常用的指标和方法，往往有放大直接市场参与者贡献，而忽视非直接参与者贡献的倾向。这里所关注的老年人影子贡献以及多由女性所从事的家务劳动等社会支持性工作往往被低估或无视都是这种倾向的体现。通过影子贡献的概念则可以对老年人的生产性进行更全面的量化，而不用再局限于退休后再就业这类直接就业的形式。

通过影子贡献客观地评价老年人的经济贡献有利于缓解对于老龄化社会到来的过分担忧，从社会整体的角度看，老年人也是具有自身生产性的，而并非单纯的消费者。同时影子贡献也为退休政策的制定提供了又一个考察角度，例如，考虑延迟退休政策时就需要权衡，把直接生产效率已经降低的老年人强行留在劳动力市场所带来的收益，是否足以抵偿该政策所可能带来的老年人影子贡献的损失。

同时正视影子贡献产生作用的机理，也有助于通过政策措施创造条件让老年人通过适合自身的方式做出贡献。影子贡献作为来自社会和家庭的组织性的间接贡献，其作用路径是否通畅至关重要。从已有的相关研究来看，家庭结构、祖辈与子女居住距离远近、文化传统、老年人自身身体状况等因素均会对来自祖辈的隔代照料和家务帮扶等代际支持产生显著的影响。

令人担忧的是，有些相关因素在向着不利的方向发展。以家庭结构为例，2000 年时 60 岁以上城镇老人与子女同住比例为 56.7%，但是到了 2006 年就降到了 47.8%（曲嘉瑶 等，2011）。这种居住结构的变化就对老年人提供有效的代际支持产生了明显的妨碍作用，也是我国女性劳动参与率下降的解释因素之一（沈可 等，2012）。同时植根于传统文化的中国家庭观念一方面受到过去社会经济变迁的冲击，另一方面在未来又面临我国老龄化过程中可能出现的“一对夫妇四个老人”的家庭结构导致的无力照顾的挑战。这种对于家庭观念的冲击和动摇也会对影子贡献赖以产生的家庭的组织性产生削弱，因此会对未来老年人提供影子贡献造成负面影响。

对此可以多鼓励子女采取与老人同住或近距离居住的生活方式，这样一方面有利于巩固家庭成员代际之间的联系，为老人发挥影子贡献提供便利条件；另一方面也有利于子女就近提供对老人的帮助。又比如在退休金发放时，可以考虑加入对影子贡献因素，应对符合条件的老人给予适当的经济补偿。

7 研究结论与政策建议

7.1 研究结论

1. 物质资本投入是我国经济可持续增长的重要来源

在我国过去的经济增长过程中，人口发挥了很重要的作用。但是伴随着资本技术构成和资本有机构成的提高，物质资本在增长中的作用越来越大。根据本书测算，在我国2004年以后的经济增长中，物质资本的贡献率始终在50%以上，大于人口因素对经济增长的贡献。因此，在未来的经济增长中首先需要确保的就是继续保持合理的物质资本投资速度，以便在人口学因素发生不利变化时稳住我国经济增长的基本盘。

2. 人口数量变动对于经济可持续增长的压力将持续存在

本书前面的实证分析结果表明，在中国人口数量变动带来的红利持续衰减过程中，过去依靠低廉劳动力的传统经济增长模式已经难以为继。从本书的测算来看2015年到2018年间，劳动力供给变化的由正转负使得其过去对于经济增长的正面贡献，也变成了而今的负面压力。

同时在未来，来自人口数量变动所带来的增长压力还将继续。历史地看，中国人口数量增长的减速是由社会经济的发展和计划生育政策两个方面共同作用所造成的，在早期阶段计划生育政策发挥的作用更大，对于人口出生率的控制占主导地位。但是从世界各国的经验来看，经济和社会的发展必然会使得一国的人口再生产方式发生转变，最终进入到低位均衡状态。以中国的数据来看，在2015年10月实行全面放开二孩政策以后，当年释放出了之前被压制的生育需求，出生率冲高到了千分之12.95，但之后出生率连续两年下滑，到 2018 年的出生率仅为千分之 10.94①，创出历史新低。这表明中国当前的人口再生产方式已经完成了这种转变，人口数量增长的低速不再是计划生育政策的限制所带来的，而是伴随社会经济发展促使人们所进行的自愿选择。同时过去储存在人口年龄结构金字塔之中的负增长势能，而今也开始释放。因此当前中国人口数量的不利变动无法简单地通过放开生育限制就能解决，这决定了我国未来劳动力供给增速减少甚至绝对量减少的长期性和必然性。因此未来人口数量变动对于经济增长的压力将会持续存在，我们所能够做的是尽量减小这个压力对于经济增长所带来的负面影响。

3. 人口质量变动是我国保持经济可持续增长的恒定动力

教育投入所形成的人力资本提高和结构优化所带来的中国人口质量变动是中国经济可持续增长的稳定动力。从本书的实证结果来看，无论是反映总体受教育水平改善的平均受教育年限，还是反映人力资本结构优化的大学生人数占比，对于经济增长的贡献在人口学因素中都是稳定且较大的。从总体受教育水平改善和人力资本结构优化的对比来看，在 2004 年以前，总体受教育水平提高的作用更加显著；在 2004 年以后，人力资本结构优化的作用更加显著。从人口数量变动贡献和人口质量变动贡献对比角度来看，根据计量模型的不同，在 2009 年以前两者对于经济增长的贡献在伯仲之间互有胜负；但在 2009 年以后，无论采用哪个模型进行测算，人口数量变动的贡献都不再可以和人口质量的贡献比肩，人口质量的贡献稳定地“超越”了人口数量的贡献。不过这种“超越”并不是因为人口质量变动的贡献突然提高的多少，而是因为人口数量变动贡献自身的衰减，在这个过程中人口质量变动的贡献始终是较为稳定的。当前我国人力资本虽然相比之前有了很大提高，但是相比于欧美等发达国家仍有较大的差距。因此我国人口质量的提升仍有较大空间，在未来仍可以为经济增长带来稳定的贡献。

4. 人口年龄结构变动对经济可持续增长带来压力的同时也具有积极方面

我国当前人口年龄结构变动的最主要方面表现为老龄化的进一步加深，这种加深体现在老年抚养比的进一步提高和老年抚养比提升速度加快

① 《中国统计年鉴 2019》。

两个方面。由此带来劳动适龄人口占比的减少必然会对经济增长带来压力，但是正如前文关于影子贡献的理论和实证分析所指出的那样：老年人不同于少儿，是具有生产性的，不应该简单地将其理解为社会的抚养负担。因此老年人在总人口中的占比增加，固然一方面会对劳动适龄人口的总数带来负面影响，但另一方面老年人可以通过影子贡献等方式促进适龄人口劳动参与，以此缓解劳动力的衰减趋势。全面认知老年人的消费性和生产性有利于我国面对老龄化问题时采取正确的措施。这要求我们既不能无动于衷，也不应反应过度。

5. 综合来看我国可以保持经济可持续增长

由于未来资本技术构成和资本有机构成进一步提高，物质资本将发挥更大的作用。因此只要坚持适当的物质资本投入就可以稳住我国经济可持续增长的基本盘。同时人口变动仍然是保持经济可持续增长的重要因素。这表现在虽然人口数量变动的贡献的作用越来越小，但是人口质量变动的贡献却可以保持稳定甚至变大。同时劳动年龄人口在总数上仍然很大，尚可对经济带来较大贡献。虽然老龄化会使得老年人的占比越来越高，但是老年人可以通过对子女代际支持的方式发挥一定的生产性。因此综合来看只要我们积极发挥有利因素、规避不利因素，就能够有效地保障中国经济的可持续增长。

7.2 政策建议

本书研究的是人口变动对于经济可持续增长的影响，因此本节主要试图从人口的角度给予一定的政策建议。本书认为，要应对当前中国所面临的人口变动、跨越中等收入陷阱和实现经济可持续增长，应在以下几个方面持续努力。

7.2.1 鼓励按政策积极生育，降低人口数量红利衰减带来的压力和冲击

长期以来，人口数量红利为中国经济增长提供了源源不断的劳动力，成为支撑中国经济增长的重要因素。尽管近几年来，中国人口数量红利出现衰减，且中国的人口变动是一个大趋势，这反映到本研究就体现为人口

数量带来的劳动力贡献率在2000年以后的持续走低。但必须要认识到人口数量红利关乎中国人口安全，既要强调人口质量因素对经济的贡献，也不能忽视人口数量因素对经济增长的冲击。2015年10月，中国推出全面放开二孩生育的政策，以应对中国严峻的人口数量红利衰减现实。从2016年的新生儿出生数据来看，全年我国新生儿分娩数为1 846万人，是2000年以来出生人口最高的年份，其中二孩及以上占比超过45%。政策似乎达到了部分预期目的，但从2016年之后年份的生育数据看，情况仍没有根本性的转变。因此，一些学者认为随着养育成本和居民生育意愿的转变，中国的低生育率在长期内都可能存在，需适时推出鼓励居民在现行生育规定下积极生育的相关政策。本研究认为，虽然人口数量红利对经济增长的贡献在下降，但它仍然是影响中国经济可持续增长的重要因素。基于此，推出鼓励居民按政策生育的相关配套政策，对实现“二次人口数量红利”以及降低人口红利衰减对产业发展和经济可持续增长带来的压力都是有必要性的，具体可以从以下几个方面政策制定或完善来鼓励居民生育。

1. 探索生育给付和养育津贴等补助政策

生育给付是生育子女的家庭给予的一次性支付，养育津贴是对新生儿出生到一定年龄段内，按月或按年发放的津贴。目前我国并没有相关直接针对新生人口的生育给付和养育津贴，但很多国家和地区的政府都对生育子女的父母予以现金奖励和养育津贴。以养育支付为例，日本、韩国、法国、芬兰、比利时、意大利、英国、澳大利亚等国对于新生儿家庭会给予相当于人民币4 000~6 000元不等的一次性奖励，有一些国家和地区更高。在俄罗斯，从2010年1月1日起实施家庭补贴政策，每个生育孩子的家庭平均可以得到一次性补贴343 378卢布，约合人民币40 000元，相当于俄罗斯人年平均工资的2.5倍左右。在东亚地区，新加坡对于新生儿的奖励金额可以达到每人约6 000美元，如果是第三胎或以上，该奖励金额将上升到约8 000美元。

生育给付和养育津贴等补助政策对于降低人口数量红利衰减趋势主要有以下几方面的作用：一是可以在一定程度上缓解部分低收入群体的经济困难，释放生育需求。尤其是对一些农村家庭和低收入城市家庭，每个月几百元的养育津贴可能解决他们在养育新生人口上的大问题，较大程度激励他们按现行生育政策实现生育计划。二是生育给付和养育津贴有助于促进新生人口质量。采用这种方式缓解居民的经济压力，也可以一定程度改善婴幼儿营养状况和身体素质，提高新生儿人口质量。尤其是对一些低收入家庭，补助可能实实在在地给婴幼儿成长带来好处，促进这些低收入家庭的新生儿健康成长。三是采用生育给付和养育津贴的补助方式是一种看得见的直接经济诱因，也易于操作。现金补贴政策直接提高了家庭收入水平，减轻了家庭抚养孩子的经济压力，从而直接影响生育行为。结合上述分析，我国也可以探索试点引入生育给付和养育津贴政策。具体政策实施要点有以下几点：一是确定合理的补贴方式。既可以采用一次性生育支付、也可以每月发放养育津贴，当然也可以采用两种方式相结合的方式。二是要确定合理的补助金额。既要较大程度鼓励我国居民积极生育，又要考虑到我国中央财政和各级地方财政的承受能力，不会对其造成较大的财政负担。三是对不同孩次的孩子实施差别补贴。为达到鼓励二孩生育的目的，可以将奖励的对象只选定为二孩，或者参照一些国家的方式，对二孩补助的标准高于对一孩的补助。四是可探索补助的使用只能针对特定领域。比如采用发放奶粉券等补助方式，规定补助和津贴只能用于购买儿童奶粉、营养品等婴幼儿用品，或者也可以直接考虑实物补助的方式，用于改善儿童的体格，促进身体健康。

2. 逐步完善产假政策，增加产假制度的弹性和多样性

目前，我国各省制定了法定产假政策。产假天数靠前的省份主要有西藏、吉林、重庆、北京、河南、海南，分别从 188 天到 1 年不等。天津、上海、江苏、浙江、湖北 5 省份的产假数量排名靠后，为 128 天。此外，一些地方对产假的规定相对弹性灵活。如北京、重庆、吉林三地区均规定，经女职工单位同意，女性可以延长假期。重庆规定，经本人申请，单位批准，产假期满后可连续休假至子女一周岁止。不过，目前我国法定的产假政策也存在一些弊端，主要是现行产假政策只有产假和陪产假，政策比较单一，也比较缺乏弹性，建议可以从以下几个方面完善现行产假政策。

一是在现行产假制度的基础上，探索推出半薪假、无薪产假政策的可行性。法国、荷兰、俄罗斯国家都有半薪假、无薪产假等产假形式，我国在这方面的探索几乎是空白。尤其是托儿所缺乏，在幼儿园入学难、入学贵等现象在相当长一段时间都会持续存在的现状下，家庭养育就成为子女成长的一个重要环节。增加半薪假、无薪产假的好处在于较大程度增加子女抚养子女的时间，既鼓励父母积极生育，也会对子女健康成长起到积极

的作用。比如，假设规定政策是给母亲1—2年的无薪假，加上可以享受的基本产假政策，这就基本可以成功地解决新生儿0—3岁的养育问题，而4岁以后父母可以让子女进入幼儿园学习，比较成功地解决了家庭养育与学前教育的衔接。同时，半薪假、无薪产假政策又不会产生像带薪产假以及陪产假那么高的成本。所以，我国在现行产假制度的基础上，可以积极探索并论证半薪假、无薪产假政策推出的可行性。不过，半薪假、无薪产假政策仍然要考虑经济发展因素。我国的经济发展水平远不能与一些发达国家相比，而且半薪假、无薪产假政策仍然是有成本的。在政策可行性论证时，既要考虑雇主的意愿，也要考虑成本的负担方式，比如半薪的成本、母亲返岗再培训成本等究竟是全部由政府负担，还是由政府、企业和个人分担。

二是可为我国产假政策增加更大的弹性，机关事业单位推广4天半上班制可优先考虑有二孩生育计划的群体。如果半薪假、无薪产假等政策的推出存在一定的困难，也可以适当为我国现行产假政策增加更多的弹性。比如，一个可行的政策建议是，目前全国机关事业单位中正在推广4天半工作制，可否将产假弹性政策与4天半工作制制度改革相结合，对于一些有二孩生育计划的机关事业单位员工，可以凭借二孩怀孕证明，优先享受半天的假期。这不仅有利于促进她们按政策生育，还对孕期胎儿和孕妇的健康有益，而且也合乎情理。三是产假政策完善要与女性就业、升职反歧视配套政策相结合。产假制度是基本的生育权利，但是在现实层面，一些女性职工尤其是在民营企业工作的女性职工，不愿生、不敢生的重要原因是产假政策落实存在一定困难，主要是一些无形的性别歧视削弱产假制度对生育的保障作用，比如社会上普遍存在企业招聘不愿意招聘有生育计划的女生，休产假女性在升职加薪受到限制等潜规则。因此，要使得现行产假制度能够真正起到保障居民生育的作用，就要持续完善相关反歧视的配套政策。当然，具体的执行面主要落在以下两个方面：第一是要加强劳动检查，对类似的歧视，或者不按规定执行产假政策的案件，要按照现行政策予以处罚。第二是要鼓励员工争取自身生育权利。政府应鼓励、引导职工拿起法律武器，享受法定产假，保障人民的生育权利。

3. 完善托儿教育配套政策

托儿教育配套政策涉及家庭托儿费补助、托儿设施建设和托幼儿教育等。目前在我国已经全面推行二孩政策的背景下，相关配套的滞后已经成为影响全国居民生育行为的重要因素。建议从以下五个方面完善托儿教育配套政策：一是鼓励一些大的企业在企业内部设立托儿所等育儿设施。20世纪八九十年代，全国很多工厂单位、社区都有托儿所，这些托儿所为解决婴幼儿的托养服务起到了重要的作用，将子女交给自己工作的企业托养，父母不仅充分信任，而且也能与自己的工作时间紧密衔接，子女的接送问题都能得到解决。但随着经济社会的发展，现在这情况已经基本缺失的。政府仍然可以通过税收减免、补助、租房优惠等方式，鼓励一些有能力的大企业在内部设立托儿所等育儿设施，解决子女的托养问题。二是鼓励社区内设立托儿所等育儿设施。在社区内设立托儿所等育儿设施的一个好处在于托儿所的员工可能是父母所熟悉的社区住户，对子女健康成长有利，而且社区内托养也方便父母接送，节省时间成本。我国可以借鉴相关经验，因地制宜，探索制定符合国情的相关政策。三是借鉴南京经验，鼓励学校承担部分照顾责任。2017 年，南京市实施的《关于进一步推进小学“弹性离校”工作指导意见》推出小学弹性离校，学校为学生提供延时照顾服务的政策。其中，在冬季上学时间段托管结束时间到 17 点，非冬季上学时间段原则上为 18 点。这一个小的政策，却能很好地缓解学生家长接孩子难的问题。目前我国现在很多幼儿园、小学下午四点就放学，子女的接送成为一个大问题，全国都可以借鉴这一经验，积极鼓励学校承担部分照顾职责，发挥社会责任。四是探索将幼儿教育纳入义务教育的可能性。当前，我国很多地区幼儿园公立教育资源严重不足，民营教育资源又存在价格过高、教育质量无法得到保障等问题，这不仅影响幼儿的成长，也影响父母对继续生育二孩的意愿。2017 年，全国政协委员、中央财经大学校长王广谦在全国政协十二届五次会议提案《关于将学前三年教育纳入义务教育的提案》中，建议在九年义务教育已经实现的基础上，将三年学前教育纳入义务教育范畴。当然，这一政策需要国家层面的立法。五是完善托儿教育配套过渡期，可适当提高补助并加强落实。要清醒认识，托儿所、幼儿园等配套设施的建设要在短期内完全满足我国居民生育的需求，可能存在一定的难度，在过渡期，可以对托儿费、幼儿园入园费等家庭支出适当提高补助，缓解家庭的经济困难。

4. 继续完善医疗保健保障政策

在全面放开三孩生育的背景下，医疗资源的充裕程度成为影响居民是否愿意生育的重要原因。本研究建议在以下几个方面继续完善医疗保健保障政策：一是开设“高龄孕产妇咨询门诊”。近两年来，高龄孕产妇成为二孩、三孩生育的重要群体，无论是生育一孩、二孩还是三孩，35 岁以上高龄孕产妇的生育能力都在逐年下降，生育风险却在逐年加大，包括不孕、分娩有染色体异常、畸形胎儿的风险、流产风险、妊娠并发症增高等。目前，我国很多地区通过“两孩生育”联合门诊等形式，鼓励医院开设“高龄孕产妇咨询门诊”，根据大龄和高龄孕产妇的切身需求，为她们提供更为优质、完善的医疗保健服务，并且要做好危重症高龄孕产妇的救治工作，包括建立绿色通道，加强转诊网络安排，确保母婴安全。二是要提高基层社区的医疗水平，把大医院内的诊疗规范与社区共享。目前，我国很多地区生育医疗存在的一个现象是，大医院产检、就诊门庭如市，但基层卫生单位的产检、咨询就诊的人却很少。这主要由于在我国多数社区卫生服务机构中儿科医生配置较少，不方便婴幼儿就诊。当然，在全面放开三孩背景下，儿科医生的短缺在全国是一个普遍现象。要加强儿科医生在社区卫生服务机构配比，提高医疗水平，并加强医生诊疗规范与社区共享，例如，大医院可以将各类先进技术与社区共享，利用其丰富的经验指导社区进行检查，并且定期对基层卫生服务人员进行培训，提高他们的专业素养和培养优质服务态度。

5. 探索出台个人所得税减免优惠政策

相当多发达国家有利用税收政策鼓励居民生育的成功经验。一般来讲，抚养孩子是家庭经济的重要支出。中高收入者是所得税的主要税源，是精英阶层的中坚，背后往往是更好的家庭教养和进取精神。他们的生育意愿因为所得税而受打击。原本他们的财富可以承担多生孩子，现在宁可少生富养，绝不多生。长期看，富人和中产阶层是脆弱的。所得税阻碍了人口结构的自然优化。通过减免所得税鼓励生育，有以下两个好处：一是生育抚养是一项长期支出，免除所得税将使大量财富留在家庭，它有利于财富转化为人口数量和素质。以家庭为渠道进行人力资本投资，提升劳动力的素质，有利于实现优生优育。二是税收减免的方式可以激励中高收入群体按政策生育。一般来讲，免除所得税最大的受益者为高收入群体，可以较大程度鼓励这些群体按政策生育，有助于改变新生儿人口结构。举例说明，假设月收入分别为 5 000 元、10 000 元和 50 000 元的居民，政策规定生育二孩抵扣 20%个人所得税，那么生育二孩每个月可抵扣的个人所得税分别为 2. 25 元、、59 元和 1 906 元。高收入群体会较大程度地从中受益，并且将抵扣的税收用于多生育或提升子女人力资本上。具体地讲，通过个人所得税减免优惠政策鼓励生育，应注意要明确个人所得税优惠税收政策的力度，既要达到鼓励居民按政策生育的目的，也不要大幅度增加财政负担。因此，要事先做好政策的评估工作。优惠政策所奖励的目标群体、对目标群体生育的影响等都要事先做好评估。对于一般中低收入家庭来说，本身就不需要缴纳或者只需要缴纳很少的个人所得税，因此这个政策并不会影响生育行为，而对于高收入家庭，个人所得税抵扣额如果比较少，可能并不会改变他们的生育计划，如果可抵扣的税过多，就会影响政府税收收入，同时也可能对低收入家庭产生相对剥离感。因此，税收优惠政策要做好政策评估，确定鼓励生育的最优优惠税率。

7.2.2 加强人力资本建设，提升经济增长人才保障

从各国跨越中等收入陷阱的经验，可以看出在跨越中等收入陷阱和经济持续增长的过程中，人力资本都起到了至关重要的作用。在本书中，通过对过去数据的分析可以看到，虽然我国人口数量对于经济增长的贡献率在2000年后逐步衰减，但人口质量对于经济可持续增长的贡献率却能保持稳定，并在2009年超过人口数量的贡献率。因此，为实现持续稳定增长，人力资本的建设需要继续加强。具体来讲，主要有以下几个方面提升人力资本建设。

1. 适应产业转型，加强各类人才培养

虽然近些年来我国高等教育实现了迅速增长，但仍存在人才质量偏低、结构失衡、创新能力不足、人才培养与社会需求未能有效衔接的问题。要建立高等教育、基本公共教育、职业教育、科技人才和创新型各类人才培养体系，为我国跨越中等收入陷阱和经济持续增长提供源源不断的人才保障。

具体地讲，人才培养工作应主要从以下几个方面展开：一是推动高等教育与产业部门的衔接，适应产业转型发展的需要。我国目前高等教育毛入学率已经达到45%左右，但是长期以来，高等教育专业设置、人才培养方式都与产业部门有较大的脱节，这就要求我国的高等教育应着力于当前的产业转型需要，既要注重产业转型科研型人才培养，也要重点培养一大批应用型的人才。比如，当前人工智能、移动支付、再生能源、生物技术产业是产业转型的主要方向之一，政府就应鼓励大学开设相关专业并提高

与产业的结合力度。另外，要建立大学部分专业和学校退场和淘汰机制。对一些就业率偏低的专业，以及不适应产业和经济发展的大学，政府应当探索建立淘汰和退出机制，优化专业配置。二是深化职业教育产教融合，以高素质技能人才为重点，为我国产业打造一支具有高技能的职业队伍。尤其是要以培养具有工匠精神的高素质技能人才，推动人才培养和使用相衔接、供给和需求相适应。加快应用型、职业型人才的建设。探索校企合作育人的有效模式，通过校企联合招生、联合培养、弹性学习、定向就业等方式，提高学生的就业、实践和创新能力。三是要在深化各级地方政府对公共教育投入主体责任的同时，继续健全多元化的办学和投入机制。放宽市场办学准入，鼓励支持各级社会力量积极投入教育和培训，满足社会公众知识获取和技术升级的需求。

2. 人才激励注重发挥市场作用

在积极培养人才的同时，应不断激发人才的潜能，营造人才干事氛围和创业创新氛围。尤其要充分发挥市场的作用，激发全社会的创新动力和活力。

具体地讲，应着重从以下几个方面激励人才最大限度发挥潜能：一是为企业发展壮大营造公平竞争的市场环境。加快转变政府职能，减少政府对市场主体经济活动的直接干预。根据“非禁即入”的原则，最大化地激发全社会创新创业的活力，培育激励保护企业家精神。二是鼓励经济主体采用入股、期权等方式激励人才最大化发挥效用。对于一些具有前沿性、重大应用价值的技术和产品，政府还可通过企业所得税、个人所得税减免的方式最大化发挥人才与企业的协同效应，提升人才的生产效率和创新效率。三是完善各类科学研究成果转化的激励政策。加快下放科研技术成果使用、处置和收益权相关机制建立，提高科研技术人员科研成果转化收益比例，加大对科研技术人才股权激励力度，激励科研人员产出更多具有经济效应和社会效应的科研成果。

3. 人才流动注重破除制度障碍

要充分发挥人力资本对经济增长的积极作用，合理地将各类人才配置到产业和区域中，最大化优化人才配置，提升全要素增长率以带动经济增长。

具体地讲，主要可以通过以下几方面加快人才流动、优化人才配置：一是逐步弱化各类人才全国范围内流动的政策屏障。完善人才跨区域流动户籍、社会保险、公积金等制度的衔接机制，促进人才流动。二是建立产学研科研人才的相互流动机制。鼓励学界人才将最新研究成果投入产业领域，实现经济收益。鼓励有实践经验的产业人才进入高等学校和科研院所兼职。三是提升人才使用制度的弹性。在全球范围内对人才竞争日益激烈的背景下，建议在人才使用方面增强更多制度弹性，实行更为包容性和竞争力的人才引进和使用制度；放宽各类外籍高科技人才在我国永久居留条件；广泛吸引各类海外高层次人才回国（来华）从事创新研究；引导企业成为选才引才用才的主体，加大国家“千人计划”“万人计划”等重大人才计划面向产业、服务企业选才引才力度，并创造条件支持企业创新引才方式。

7.2.3 鼓励并创造条件让老年人发挥自身生产性

总的来看，当前社会文化对于老年人发挥自身生产性是不利的。要想扭转这种问题，为老年人提供影子贡献创造条件可以从经济手段和文化影响两个方面着手。

从经济手段上来说：一方面，可以通过经济手段鼓励成年子女和老年父母同住，用减税降费等方式对和老年人同住的子女进行倾斜，让成年子女更加倾向于和老人同住。这在欧美等发达国家有一定先例可循，例如美国法律将赡养行为列入税法的优惠项目之中，为尽孝子女减轻经济负担。不过其出发的角度是补偿子女由于赡养老人而付出的成本，因此其所设定的减免条件是需要纳税人支付老人的生活费用的50%以上才能享受税收优惠。而本书则是从让老人通过家庭纽带发挥自身生产性的角度来进行制度设计，因此应该设置为只要子女与老人同住就可以列入享受优惠政策的范围。另一方面，可以在养老金发放中对为子女提供代际帮扶的老人给予额外奖励，这可以从老人的角度促进提供影子贡献的积极性。

从文化上来说，我国历史上有较强的儒家传统，本就既强调子女对父母的孝道，也认为老人能儿孙满堂是幸福的体现，家庭纽带较欧美文化更为强健。加强这方面的文化引导将社会风气向着有利于老年人加大发挥影子贡献的方向前进。文化宣传上采用新老结合的方式。一方面要抓稳传统的广播电视媒介，在其中多对价值观进行引导；另一方面也要在互联网等新媒体中发出声音，引导舆论向着有利于老年人发挥影子贡献的方向前进。但是需要注意的是，文化的影响要坚持“引导”而不要“指导”的原则，否则可能造成舆论反弹，让本来出于良好愿望的行动适得其反。

应将老年人影子贡献纳入延迟退休政策的考量范围。伴随着我国老龄化程度的不断加深，延迟退休政策受到越来越多的关注。在《“十四五”规划和2035年远景目标纲要》中明确提出，按照小步调整、弹性实施、分类推进、统筹兼顾等原则，逐步延迟法定退休年龄。可以说，延迟退休相关的具体政策落地只是时间的问题。为了能让延迟退休政策能够真正起到预期中的作用，缓解老龄化带来的劳动力短缺问题，在进行具体政策的预研和评估过程中，就需要认识到相关政策一方面会把直接生产效率较低的老年人留在劳动力市场之中，带来一定数量的劳动力收益，从而为经济增长带来助益；另一方面，延迟退休政策则可能会阻断或削弱老年人提供代际支持的能力和条件，从而间接地迫使劳动生产率更高的年轻人退出劳动力市场，造成老年影子贡献的下降，从而为经济增长带来不利因素。因此延迟退休具体政策的制定需要考虑这两种对立的效应、权衡利弊，尽量让正面助益发挥效用，同时尽可能地削弱可能产生的不利影响。例如，如果接近退休年龄的人员从事孙子女代际照料或者为成年子女提供家务帮扶的话，则允许其提前退休。从而让我国未来的退休政策能够一方面缓解适龄劳动力减少的压力，另一方面也能尽量创造条件让老年影子贡献继续保持。

7.3 研究展望

7.3.1 研究不足

本书对人口变动与经济增长之间的关系研究，从理论机制论述开始，结合中国人口变动现状进行分析，再通过实证手段对中国人口变动的三个方面对经济增长的影响进行了定量研究，提出老年人影子贡献的概念，并对其在劳动适龄人口就业率和GDP占比两个方面的影响进行了测算。但是，受到研究时间、研究水平、知识积累以及数据资料可得性等多方面的制约和限制，本书仍有很多不足之处。

本书虽然通过理论机制论述和数理模型分析的方式，对人口变动的各方面对于经济增长的影响进行了较为全面的分析和阐述，但是由于数据所限，实证部分仅选取了1990年到2019年之间的28年的分省数据，且变量指标也只能尽可能地根据数据完整性和可得性进行选取，有一些指标由于部分缺失而不得不放弃，因此并不能完全覆盖到理论机制分析中的每一个侧面，只能尽量对人口三种变动中的主要路径进行实证支撑和验证。老年人影子贡献的实证部分，本书通过对比研究的方式得出当前中国社会经济的变迁不利于老年人发挥影子贡献的推论，虽然这一推论符合常识，但是缺乏具体研究指出究竟哪些因素的变化不利于老年人提供影子贡献，以及其影响又有多大。

以后的研究中，需要通过更多的数据收集和专项研究对此进行补充和深入。

7.3.2 进一步研究方向

在本书已有的研究基础上，可以从以下方面进行进一步的深入研究：

第一，更加深入研究人口质量变动对于技术进步的影响。当今世界的技术进步中，专业化的人力资本和研发投入均扮演了较为重要的角色，通过对技术进步过程中人力资本和研发投入的定量研究，将可以对本书已有的人口质量变动对经济增长影响研究形成补充。

第二，当前中国的老龄化刚刚步入加速轨道，无论是老年抚养比还是老年人内部的老龄化程度，相对于日本等老龄化非常严重的国家，尚无法相比。未来中国老龄化程度进一步深化时，老龄化对于经济增长的影响方式是否会产生改变，仍值得进一步关注。

第三，根据本书已有研究，老年人影子贡献是老年人生产性的一个重要来源。哪些条件对于老年人发挥影子贡献具有正面影响、哪些条件又会带来负面影响、这些因素各自的影响有多大等一系列问题，需要进一步地研究和探索。

第四，本书当前对于人口变动的研究主要集中于人口的自然属性变动上。对于人口的城乡结构变动、人口的产业结构变动等尚未包含，但是这些因素明显也会对我国的经济增长产生影响。因此将其纳入研究范围，考察其和人口自然属性变动之间的关系以及和经济增长之间的关系也是可行的研究方向。

第五，本书在实证研究中使用了国家层面的宏观数据和家庭层面的微观数据，但是缺少企业层面的数据体现。而在当前我国总体上市场化的经济环境之中，企业在生产和创新过程中均扮演了很重要的角色。因此为进一步提升实证结果的广泛性和精确性，可以通过调研的方式获得相关数据，对人口变动对于经济增长影响问题进行补充，并同已有结论进行对比，通过结合多种视角为我国在人口变动背景下实现经济可持续增长提供更加全面和准确的建议。

参考文献

ACEMOGLU D, RESTREPO P, 2017. Secular stagnation? The effect of aging on economic growth in the age of automation [J]. American Economic Review, 107 (5): 174-179.

AIYAR M S, DUVAL M R A, PUY M D, et al., 2013. Growth slowdowns and the middle-income trap [M]. International Monetary Fund.

ANG J B, MADSEN J B, ISLAM M R, 2011. The effects of human capital composition on technological convergence [J]. Journal of Macroeconomics, 33 (3): 465-476.

ARROW K J, CHENERY H B, MINHAS B S, et al., 1961. Capital-labor substitution and economic efficiency [J]. The review of Economics Statistics, 43 (3): 225-250.

BACKUS D K, KEHOE P J, KEHOE T J, 1992. In search of scale effects in trade and growth [J]. Journal of Economic Theory, 58 (2): 377-409.

BANISTER J, BLOOM D E, ROSENBERG L, 2012. Population aging and economic growth in China [M] //The Chinese economy: A new transition. Springer: 114-149.

BARRETT A, O'CONNELL P J, 2001. Does training generally work? The returns to in-company training [J]. Industrial & Labor Relations Review, 54 (3): 647-662.

BARRO R J, 1991. Economic growth in a cross section of countries [J]. The quarterly journal of economics, 106 (2): 407-443.

BARRO R J, LEE J W, 2013. A new data set of educational attainment in the world, 1950—2010 [J]. Journal of development economics, 104: 184-198.

BEAUDRY P, COLLARD F, 2003. Recent technological and economic change among industrialized countries: insights from population growth [J]. The Scandinavian Journal of Economics, 105 (3): 441-464.

BECKER G S, 2009. A Treatise on the Family [M]. Harvard university press.

BECKER G S, BARRO R J, 1988. A reformulation of the economic theory of fertility [J]. The quarterly journal of economics, 103 (1): 1-25.

BENHABIB J, SPIEGEL M M, 1994. The role of human capital in economic development evidence from aggregate cross-country data [J]. Journal of monetary Economics, 34 (2): 143-173.

BENHABIB J, SPIEGEL M M, 2005. Human capital and technology diffusion [M] //Handbook of economic growth. Elsevier: 935-966.

BISHOP J H, 1989. Is the test score decline responsible for the productivity growth decline? [J]. The American Economic Review, 79 (1): 178-197.

BLACK S E, DEVEREUX P J, SALVANES K G, 2005. The more the merrier? The effect of family size and birth order on children's education [J]. The Quarterly Journal of Economics, 120 (2): 669-700.

BLOOM D, CANNING D, SEVILLA J, 2003. The demographic dividend: A new perspective on the economic consequences of population change [M]. Rand Corporation.

BLOOM D E, CANNING D, FINK G, et al., 2007. Does age structure forecast economic growth? [J]. International Journal of Forecasting, 23 (4): 569-585.

BLOOM D E, CANNING D, SEVILLA J, 2004. The effect of health on economic growth: a production function approach [J]. World development, 32 (1): 1-13.

BLOOM D E, FINLAY J E, 2009. Demographic change and economic growth in Asia [J]. Asian Economic Policy Review, 4 (1): 45-64.

BLOOM D E, SACHS J D, COLLIER P, et al., 1998a. Geography, demography, and economic growth in Africa [M] //Brookings papers on economic activity. The Johns Hopkins University Press: 207-295.

BLOOM D E, WILLIAMSON J G, 1998b. Demographic transitions and economic miracles in emerging Asia [J]. The World Bank Economic Review, 12

(3): 419-455.

BöRSCH-SUPAN A, 2013. Myths, scientific evidence and economic policy in an aging world [J]. The Journal of the Economics of Ageing, 1: 3-15.

BOSERUP E, 1976. Environment, Population, and Technology in Primitive Societies [J]. Population and Development Review, 2 (1): 21-36.

BOSERUP E, 2014. The conditions of agricultural growth: The economics of agrarian change under population pressure [M]. Routledge.

BRAUN J, 1993. Essays on economic growth and migration [M]. Harvard University.

BRONZINI R, PISELLI P, 2009. Determinants of long-run regional productivity with geographical spillovers: the role of R&D, human capital and public infrastructure [J]. Regional Science Urban Economics, 39 (2): 187-199.

BULMAN D, EDEN M, NGUYEN H, 2017. Transitioning from low-income growth to high-income growth: is there a middle-income trap? [J]. Journal of the Asia Pacific Economy, 22 (1): 5-28.

CARROLL C D, SUMMERS L H, 1991. Consumption growth parallels income growth: some new evidence [M] //B. D. BERNHEIM. National saving and economic performance. University of Chicago Press: 305-348.

CASELLI F, COLEMAN I, JOHN W, 2002. The US technology frontier [J]. American Economic Review, 92 (2): 148-152.

CASELLI F, ESQUIVEL G, LEFORT F, 1996. Reopening the convergence debate: a new look at cross-country growth empirics [J]. Journal of economic growth, 1 (3): 363-389.

CASS D, 1965. Optimum growth in an aggregative model of capital accumulation [J]. The Review of economic studies, 32 (3): 233-240.

CHOW G, LIN A-L, 2002. Accounting for economic growth in Taiwan and Mainland China: a comparative analysis [J]. Journal of Comparative Economics, 30 (3): 507-530.

CIPOLLA C M, 1969. Literacy and Development in the West[M]. Penguin.

COLE M A, NEUMAYER E, 2006. The impact of poor health on total factor productivity [J]. The Journal of Development Studies, 42 (6): 918-938.

COMIN D, HOBIJN B, 2004. Cross-country technology adoption: making the theories face the facts[J]. Journal of monetary Economics, 51(1): 39-83.

COMPTON J, POLLAK R A, 2014. Family proximity, childcare, and women's labor force attachment [J]. Journal of Urban Economics, 79: 72-90.

DAUDE C, FERNáNDEZ-ARIAS E, 2010. On the role of productivity and factor accumulation in economic development in Latin America and the Caribbean [R], Inter-American Development Bank.

DEATON A, PAXSON C, 2000. Growth, demographic structure, and national saving in Taiwan [J]. Population Development Review, 26: 141-173.

DEATON A S, PAXSON C H, 1997. The effects of economic and population growth on national saving and inequality[J]. Demography, 34 (1): 97-114.

DEL BARRIO-CASTRO T, LóPEZ-BAZO E, SERRANO-DOMINGO G, 2002. New evidence on international R&D spillovers, human capital and productivity in the OECD [J]. Economics letters, 77 (1): 41-45.

DEL BOCA D, 2002. The effect of child care and part time opportunities on participation and fertility decisions in Italy [J]. Journal of population economics, 15: 549-573.

DOMAR E D, 1946. Capital expansion, rate of growth, and employment [J]. Econometrica, Journal of the Econometric Society: 137-147.

EICHENGREEN B, PARK D, SHIN K, 2012. When fast-growing economies slow down: International evidence and implications for China [J]. Asian Economic Papers, 11 (1): 42-87.

EICHENGREEN B, PARK D, SHIN K, 2013. Growth slowdowns redux: New evidence on the middle-income trap[R], National bureau of economic research.

ENGELBRECHT H-J, 1997. International R&D spillovers, human capital and productivity in OECD economies: An empirical investigation [J]. European Economic Review, 41 (8): 1479-1488.

ENGELBRECHT H-J, 2002. Human capital and international knowledge spillovers in TFP growth of a sample of developing countries: an exploration of alternative approaches [J]. Applied Economics, 34 (7): 831-841.

FANG C, WANG D, 2005. Demographic transition: implications for growth [M] //The China boom and its discontents. Asia Pacific Press: 34-52.

FELIPE J, ABDON A, KUMAR U, 2012. Tracking the middle-income trap: What is it, who is in it, and why? [R], Levy Economics Institute.

FEYRER J, 2007. Demographics and productivity [J]. The review of Economics Statistics, 89 (1): 100-109.

FOUGèRE M, MéRETTE M, 1999. Population ageing and economic growth in seven OECD countries [J]. Economic Modelling, 16 (3): 411-427.

GALLUP J L, SACHS J D, MELLINGER A D, 1999. Geography and economic development [J]. International regional science review, 22 (2): 179-232.

GALOR O, WEIL D N, 2000. Population, technology, and growth: From Malthusian stagnation to the demographic transition and beyond [J]. American Economic Review, 90 (4): 806-828.

GARRETT G, 2004. Globalization's missing middle [J]. Foreign Affairs, 83 (6): 84-96.

GILL I S, KHARAS H, 2007. An East Asian renaissance: ideas for economic growth [M]. The World Bank.

GILL I S, KHARAS H, 2015. The middle-income trap turns ten [M]. The World Bank.

GLAESER E L, LA PORTA R, LOPEZ-DE-SILANES F, et al., 2004. Do institutions cause growth? [J]. Journal of economic growth, 9 (3): 271-303.

HALL R E, JONES C I, 1999. Why do some countries produce so much more output per worker than others? [J]. The quarterly journal of economics, 114 (1): 83-116.

HAN J, SUEN W, 2011. Age structure of the workforce in growing and declining industries: evidence from Hong Kong [J]. Journal of population economics, 24 (1): 167-189.

HANUSHEK E A, KIM D, 1995. Schooling, labor force quality, and economic growth [R], National Bureau of Economic Research.

HARROD R F, 1939. An essay in dynamic theory [J]. The economic journal, 49 (193): 14-33.

HOTZ V J, PANTANO J, 2015. Strategic parenting, birth order, and school performance [J]. Journal of population economics, 28 (4): 911-936.

IM F G, ROSENBLATT D, 2013. Middle-income traps: a conceptual and empirical survey [M]. The World Bank.

ISAKSSON A, 2002. Human capital and economic growth: a survey of the empirical literature from 1990 to the present [R], the United Nations Industrial Development Organization.

JONES C I, 2003. Human capital, ideas and economic growth [M] //Finance, Research, Education and Growth. Springer: 51-74.

JORGENSON D W, FRAUMENI B M, 1992. Investment in education and US economic growth [J]. The Scandinavian Journal of Economics, 94: S51-S70.

KATAGIRI M, 2018. Economic Consequences of Population Aging in Japan: effects through changes in demand structure [J]. The Singapore Economic Review 66 (06): 1709-1731.

KELLEY A C, SCHMIDT R M, 1994. Population and income change: Recent evidence [M]. The World Bank.

KELLEY A C, SCHMIDT R M, 1995. Aggregate population and economic growth correlations: the role of the components of demographic change [J]. Demography, 32 (4): 543-555.

KLENOW P J, RODRIGUEZ-CLARE A, 1997. The neoclassical revival in growth economics: Has it gone too far? [M] //NBER macroeconomics annual. 73-103.

KNELLER R, 2005. Frontier technology, absorptive capacity and distance [J]. Oxford Bulletin of Economics Statistics, 67 (1): 1-23.

KNOWLES S, OWEN P D, 1995. Health capital and cross-country variation in income per capita in the Mankiw-Romer-Weil model [J]. Economics letters, 48 (1): 99-106.

KOLODINSKY J, SHIREY L, 2000. The impact of living with an elder parent on adult daughter's labor supply and hours of work [J]. Journal of family and economic issues, 21: 149-175.

KOOPMANS T C, 1963. On the concept of optimal economic growth [R], The Cowles Foundation for Research in Economics.

KREMER M, 1993. Population growth and technological change: One million BC to 1990 [J]. The quarterly journal of economics, 108 (3): 681-716.

KRUEGER A B, LINDAHL M, 2001. Education for growth: Why and for whom? [J]. Journal of economic literature, 39 (4): 1101-1136.

KRUEGER A O, 1968. Factor endowments and per capita income differences among countries [J]. The economic journal, 78 (311): 641-659.

KUMAR A, KOBER B, 2012. Urbanization, human capital, and cross-country productivity differences [J]. Economics letters, 117 (1): 14-17.

LEE R, 1980. Age structure intergenerational transfers and economic growth: an overview [J]. Revue économique, 31 (06): 1129-1156.

LEFF N H, 1969. Dependency rates and savings rates [J]. The American Economic Review, 59 (5): 886-896.

LEWIS W A, 1954. Economic development with unlimited supplies of labour [J]. The Manchester school of economic and social studies, 22 (2): 139-191.

LUCAS JR R E, 1988. On the mechanics of economic development [J]. Journal of monetary Economics, 22 (1): 3-42.

LUTZ W, CUARESMA J C, SANDERSON W, 2008. The demography of educational attainment and economic growth [J]. Science, 319 (5866): 1047-1048.

LVOVSKY K, 2001. Health and environment [M]. World Bank, Environment Department.

LYNCH L M, BLACK S E, 1995. Beyond the incidence of training: evidence from a national employers survey [R], National Bureau of Economic Research.

MAESTAS N, MULLEN K J, POWELL D, 2016. The effect of population aging on economic growth, the labor force and productivity [R]. National Bureau of Economic Research.

MALMBERG B, 1994. Age structure effects on economic growth—Swedish evidence [J]. The Scandinavian Economic History Review, 42 (3): 279-295.

MANKIW N G, ROMER D, WEIL D N, 1992. A contribution to the empirics of economic growth [J]. The quarterly journal of economics, 107 (2): 407-437.

MARSHALL A, 2009. Principles of economics: unabridged eighth edition [M]. Cosimo, Inc.

MAURER-FAZIO M, CONNELLY R, CHEN L, et al., 2011. Childcare, eldercare, and labor force participation of married women in urban China,

1982—2000 [J]. Journal of human Resources, 46 (2): 261-294.

MCCARTHY D, WOLF H, WU Y, 2000. The growth costs of malaria [R], National Bureau of Economic Research.

MILLER S M, UPADHYAY M P, 2000. The effects of openness, trade orientation, and human capital on total factor productivity [J]. Journal of development economics, 63 (2): 399-423.

MILLER S M, UPADHYAY M P, 2002. Total Factor Productivity, Human Capital and Outward Orientation: Differences by Stage of Ddevelopment and Geographic Regions [R].

NEHRU V, AART KRAAY, YU; X, 1997. 2020年的中国：新世纪的发展挑战（汉语）[M]. 中国财政经济出版社.

NELSON R R, PHELPS E S, 1966. Investment in humans, technological diffusion, and economic growth [J]. The American Economic Review, 56 (1/2): 69-75.

NOTESTEIN F W, 1945. Population-The long view [M] //Food for the World. London: University of Chicago Press: 36-57.

OGAWA N, ERMISCH J F, 1996. Family structure, home time demands, and the employment patterns of Japanese married women [J]. Journal of labor Economics, 14: 677-702.

OHNO K, 2009. Avoiding the middle-income trap: renovating industrial policy formulation in Vietnam [J]. ASEAN Economic Bulletin, 26 (1): 25-43.

PAXSON C, 1996. Saving and growth: evidence from micro data [J]. European Economic Review, 40 (2): 255-288.

PERETTO P F J J O E G, 1998. Technological change and population growth [J]. Journal of economic growth, 3 (4): 283-311.

PRITCHETT L, SUMMERS L H, 2014. Asiaphoria meets regression to the mean [R]. National Bureau of Economic Research.

RANIS G, FEI J C, 1961. A theory of economic development [J]. The American Economic Review, 51 (4): 533-565.

SALINAS-JIMéNEZ M M, ALVAREZ-AYUSO I, DELGADO-RODRíGUEZ M J J J O P M, 2006. Capital accumulation and TFP growth in the EU: A production frontier approach [J]. 28 (2): 195-205.

SASAKI M, 2002. The causal effect of family structure on labor force participation among Japanese married women [J]. Journal of human Resources, 37 (2): 429-440.

SCHULTZ T W, 1961. Investment in human capital [J]. The American Economic Review, 51 (1): 1-17.

SOLOW R M, 1956. A contribution to the theory of economic growth [J]. The quarterly journal of economics, 70 (1): 65-94.

STEVEN R, JEFFREY S, JONG-WHA L J I E J, 2001. The determinants and prospects of economic growth in Asia [J]. 15 (3): 1-29.

STEVENS P A, KNELLER R, Year. Absorptive capacity and frontier technology: evidence from OECD manufacturing industries [C] //Royal Economic Society Annual Conference 2003. Royal Economic Society, 2003.

SWAN T W, 1956. Economic growth and capital accumulation [J]. Economic record, 32 (2): 334-361.

THIEDE B C, LICHTER D T, SLACK T, 2018. Working, but poor: The good life in rural America? [J]. Journal of Rural Studies, 59: 183-193.

VANDENBUSSCHE J, AGHION P, MEGHIR C, 2006. Growth, distance to frontier and composition of human capital [J]. Journal of economic growth, 11 (2): 97-127.

WU Y, 2003. Has productivity contributed to China's growth? [J]. Pacific Economic Review, 8 (1): 15-30.

YE L, ROBERTSON P E, 2016. On the existence of a middle - income trap [J]. Economic record, 92 (297): 173-189.

YOUNG A, 1994. Lessons from the East Asian NICs: a contrarian view [J]. European Economic Review, 38 (3-4): 964-973.

蔡昉, 2004. 人口转变、人口红利与经济增长可持续性——兼论充分就业如何促进经济增长 [J]. 人口研究, (02): 2-9.

蔡昉, 2008. 中国经济如何跨越“低中等收入陷阱”? [J]. 中国社会科学院研究生院学报, (01): 13-18.

蔡昉, 2009. 未来的人口红利——中国经济增长源泉的开拓 [J]. 中国人口科学, (01): 2-10+111.

蔡昉, 2011. “中等收入陷阱” 的理论、经验与针对性 [J]. 经济学动态，(12)：4-9.

蔡昉，2013. 理解中国经济发展的过去、现在和将来——基于一个贯通的增长理论框架［J］. 经济研究，(11)：4-16.

蔡昉，王美艳，2014. 中国面对的收入差距现实与中等收入陷阱风险［J］. 中国人民大学学报，28（03）：2-7.

蔡哲，王德文，1999. 中国经济增长可持续性与劳动贡献［J］. 经济研究，(10)：62-68.

钞小静，沈坤荣，2014. 城乡收入差距、劳动力质量与中国经济增长［J］. 经济研究，49（06）：30-43.

车士义，郭琳，2011. 结构转变、制度变迁下的人口红利与经济增长［J］. 人口研究，35（02）：3-14.

陈强，2014. 高级计量经济学及 Stata 应用［M］. 高等教育出版社.

陈卫，沈峥嵘，1990. 我国人口年龄结构变动的政策意义［J］. 人口研究，(04)：29-33.

陈卫 沈，1990. 我国人口年龄结构变动的政策意义［J］. 人口研究，(04)：29-33.

陈晓佳，2014. 人口老龄化趋势下人力资本促进我国制造业转型升级研究［D］. 湖南师范大学.

代谦，别朝霞，2006. FDI、人力资本积累与经济增长［J］. 经济研究，41（04）：15-27.

邓翔，张卫，万春林，2019. 人口老龄化与技术进步：凛冬将至吗——来自 OECD 国家的经验证据［J］. 广东财经大学学报，34（06）：11-23.

杜凤莲，2008. 家庭结构、儿童看护与女性劳动参与：来自中国非农村的证据［J］. 世界经济文汇，(02)：1-12.

杜伟，杨志江，夏国平，2014. 人力资本推动经济增长的作用机制研究［J］. 中国软科学，(08)：173-183.

范柏乃，张电电，2014. 医疗卫生财政支出对经济增长贡献的时空差异——基于 1997—2012 年 30 个省级地区面板数据分析［J］. 华东经济管理，28（5）：56-59.

范保群，郑世林，黄晴，2022. 中国制造业外迁：现状和启示［J］. 浙江工商大学学报，(06)：85-99.

冯剑锋，陈卫民，晋利珍，2019. 中国人口老龄化 对劳动生产率的影响分析——基于非线性方法的实证研究［J］. 人口学刊，41（02）：77-86.

郭琳，车士义，2011. 中国的劳动参与率，人口红利与经济增长［J］. 中央财经大学学报，（9）：45-51.

郭瑜，2013. 人口老龄化对中国劳动力供给的影响［J］. 经济理论与经济管理，（11）：49-58.

黑田俊夫，安菁春，1993. 亚洲人口年龄结构变化与社会经济发展的关系［J］. 人口学刊，（04）：5-11.

黄国桂，杜鹏，陈功，2016. 隔代照料对于中国老年人健康的影响探析［J］. 人口与发展，22（06）：93-100+109.

蒋云赟，2009. 我国人口结构变动对国民储蓄的影响的代际分析［J］. 经济科学，（01）：30-38.

孔泾源，2011. "中等收入陷阱"的国际背景，成因举证与中国对策［J］. 改革，（10）：5-13.

赖明勇，张新，彭水军，等，2005. 经济增长的源泉：人力资本、研究开发与技术外溢［J］. 中国社会科学，（02）：32-46+204-205.

李建民，1999. 人力资本与经济持续增长［J］. 南开经济研究，（04）：2-7.

李竞能，2001. 人口理论新编［M］. 中国人口出版社.

李平，崔喜君，刘建，2007. 中国自主创新中研发资本投入产出绩效分析——兼论人力资本和知识产权保护的影响［J］. 中国社会科学，（02）：32-42+204-205.

李通屏，2002. 人口增长对经济增长的影响：日本的经验［J］. 人口研究，（06）：63-68.

李子奈，潘文卿，2010. 计量经济学(第三版)［M］. 教育出版社：138-143.

林毅夫，李周，1998. 中国经济转型时期的地区差距分析［J］. 经济研究，（06）：5-12.

刘传江，黄伊星，2015. 从业人口年龄结构对中国工业经济增长的贡献度研究［J］. 中国人口科学，（02）：43-52+127.

刘贵平，1992. 中国人口年龄结构变动及其若干社会经济问题［J］. 人口研究，（02）：23-28.

刘海英，赵英才，张纯洪，2004. 人力资本"均化"与中国经济增长质量关系研究［J］. 管理世界，（11）：15-21.

刘佳骏，2022. 制造业外迁与中国产业链、供应链现代化协同关系研究［J］. 重庆理工大学学报（社会科学），36（02）：54-63.

刘强，2001. 中国经济增长的收敛性分析［J］. 经济研究，（06）：70-77.

卢洪友，余锦亮，杜亦譞，2017. 老年父母照料家庭与成年子女劳动供给——基于 CFPS 微观数据的分析［J］. 财经研究，43（12）：4-16.

罗凯，2006. 健康人力资本与经济增长：中国分省数据证据［J］. 经济科学，（04）：83-93.

骆永民，2011. 公共卫生支出、健康人力资本与经济增长［J］. 南方经济，（04）：3-15.

马晓河，2010. 迈过"中等收入陷阱"的需求结构演变与产业结构调整［J］. 宏观经济研究，（11）：3-11.

马岩，2009. 我国面对中等收入陷阱的挑战及对策［J］. 经济学动态，（07）：42-46.

孟令国，2013. 二次人口红利视角下年龄结构变化对经济增长的影响［J］. 广东社会科学，（03）：36-44.

彭秀健，FAUSTEN D，2006. 低生育率、人口老龄化与劳动力供给［J］. 中国劳动经济学，3（04）：43-63.

齐传钧，2010. 人口老龄化对经济增长的影响分析［J］. 中国人口科学，（S1）：54-65.

齐明珠，2010. 我国 2010~2050 年劳动力供给与需求预测［J］. 人口研究，34（05）：76-87.

钱晓烨，迟巍，黎波，2010. 人力资本对我国区域创新及经济增长的影响——基于空间计量的实证研究［J］. 数量经济技术经济研究，27（04）：107-121.

曲嘉瑶，孙陆军，2011. 中国老年人的居住安排与变化：2000~2006［J］. 人口学刊，（02）：40-45.

全毅，2012. 跨越"中等收入陷阱"：东亚的经验及启示［J］. 世界经济研究，（02）：70-75+89.

冉茂盛，毛战宾，2008. 人力资本对经济增长的作用机理分析［J］. 重庆大学学报（社会科学版），（01）：56-59.

任明，金周永，2015. 韩国人口老龄化对劳动生产率的影响［J］. 人口学刊，（6）：85-92.

任志娟，2005. 我国经济增长中劳动力贡献率变化的实证分析［J］. 沿海企业与科技，(11)：7-8.

沈可，章元，鄢萍，2012. 中国女性劳动参与率下降的新解释：家庭结构变迁的视角［J］. 人口研究，36（05）：15-27.

沈坤荣，1999. 1978—1997 年中国经济增长因素的实证分析［J］. 经济科学，(04)：15-25.

沈坤荣，耿强，2001. 外国直接投资、技术外溢与内生经济增长——中国数据的计量检验与实证分析［J］. 中国社会科学，(05)：82-93.

沈利生，朱运法，1997. 人力资源开发与经济增长关系的定量研究［J］. 数量经济技术经济研究，(12)：9-13.

盛来运，2007. 农村劳动力流动的经济影响和效果［J］. 调研世界，(11)：3-6.

孙自铎，2008. 中国进入“刘易斯拐点”了吗：兼论经济增长人口红利说［J］. 经济学家，(01)：117-119.

唐宜红，张鹏杨，2022. 提升对外迁产业供应链的可控力——中国制造业产业链外迁问题研究［J］. 开放导报，(04)：7-14.

童玉芬，2014. 人口老龄化过程中我国劳动力供给变化特点及面临的挑战［J］. 人口研究，38（02）：52-60.

汪伟，2010. 经济增长、人口结构变化与中国高储蓄［J］. 经济学（季刊），9（01）：29-52.

汪伟，刘玉飞，徐炎，2019. 劳动人口年龄结构与中国劳动生产率的动态演化［J］. 学术月刊，51（08）：48-64.

王德文，2007. 人口低生育率阶段的劳动力供求变化与中国经济增长［J］. 中国人口科学，(01)：44-52.

王德文，蔡昉，张学辉，2004. 人口转变的储蓄效应和增长效应［J］. 人口研究，(05)：2-11.

王弟海，2012. 健康人力资本，经济增长和贫困陷阱［J］. 经济研究，47（06)：143-155.

王弟海，龚六堂，李宏毅，2008. 健康人力资本，健康投资和经济增长——以中国跨省数据为例［J］. 管理世界，(3)：27-39.

王丰，郭志刚，茅倬彦，2008. 21 世纪中国人口负增长惯性初探［J］. 人口研究，(06)：7-17.

王丰，梅森安，沈可，2006. 中国经济转型过程中的人口因素［J］. 中国人口科学，（03）：2-18+95.

王广州，2017. 中国高等教育年龄人口总量、结构及变动趋势［J］. 人口与经济，（06）：79-89.

王金营，蔺丽莉，2006. 中国人口劳动参与率与未来劳动力供给分析［J］. 人口学刊，（04）：19-24.

王金营，杨磊，2010. 中国人口转变、人口红利与经济增长的实证［J］. 人口学刊，（05）：15-24.

王麒麟，赖小琼，2012. 人口年龄结构、财政政策与中国高储蓄率［J］. 贵州财经学院学报，（01）：12-18.

王绍光，2018. “中等收入陷阱”是个伪命题［J］. 文化纵横，（06）：104-111.

王绍光，胡鞍钢，1999. 中国：不平衡发展的政治经济学［M］. 中国计划出版社.

王维国，徐勇，李秋影，2004. 我国人口年龄结构变动对经济发展影响的定量分析［J］. 市场与人口分析，10（06）：1-8.

王霞，2011. 人口年龄结构、经济增长与中国居民消费［J］. 浙江社会科学，（10）：20-24+155.

王小鲁，樊纲，刘鹏，2009. 中国经济增长方式转换和增长可持续性［J］. 经济研究，44（01）：4-16.

王颖，佟健，蒋正华，2010. 人口红利，经济增长与人口政策［J］. 人口研究，34（5）：28-34.

吴愈晓，2010. 影响城镇女性就业的微观因素及其变化：1995 年与 2002 年比较［J］. 社会，30（06）：136-155.

夏良科，2010. 人力资本与 R&D 如何影响全要素生产率——基于中国大中型工业企业的经验分析［J］. 数量经济技术经济研究，27（04）：78-94.

夏伦，2014. 中国中长期劳动力供需趋势分析［J］. 西北人口，35（01）：45-49+55.

徐升艳，周密，2013. 东中西地区城市不同年龄组劳动生产率的比较研究［J］. 上海经济研究，25（03）：135-145.

徐瑛，陈秀山，刘凤良，等，2006. 中国技术进步贡献率的度量与分解

[J]. 经济研究，(08)：93-103+128.

杨建芳，龚六堂，张庆华，2006. 人力资本形成及其对经济增长的影响——一个包含教育和健康投入的内生增长模型及其检验 [J]. 管理世界，(05)：10-18+34+171.

杨菊华，李路路，2009. 代际互动与家庭凝聚力——东亚国家和地区比较研究 [J]. 社会学研究，24 (03)：26-53+243.

杨雪，侯力，2011. 我国人口老龄化对经济社会的宏观和微观影响研究 [J]. 人口学刊，(04)：46-53.

姚东旻，宁静，韦诗言，2017. 老龄化如何影响科技创新 [J]. 世界经济，40 (04)：105-128.

姚先国，张海峰，2008. 教育、人力资本与地区经济差异 [J]. 经济研究，(05)：47-57.

余长林，2006. 人力资本投资结构与经济增长——基于包含教育资本，健康资本的内生增长模型理论研究 [J]. 财经研究，32 (10)：102-112.

袁磊，王冬冬，尹玉琳，2015. "单独二孩" 背景下生育率假设、人口演进与劳动力供给 [J]. 经济体制改革，(03)：194-200.

袁兴意，齐海源，2014. 家庭结构对青年群体劳动参与率的影响 [J]. 经济与管理，28 (03)：90-95.

袁志刚，宋铮，2000. 人口年龄结构，养老保险制度与最优储蓄率 [J]. 经济研究，11：24-32.

岳书敬，刘朝明，2006. 人力资本与区域全要素生产率分析 [J]. 经济研究，(04)：90-96+127.

张德荣，2013. "中等收入陷阱" 发生机理与中国经济增长的阶段性动力 [J]. 经济研究，(9)：17-29.

张军，吴桂英，张吉鹏，2004. 中国省际物质资本存量估算：1952—2000 [J]. 经济研究，(10)：35-44.

张军，章元，2003. 对中国资本存量 K 的再估计 [J]. 经济研究，(07)：35-43+90.

张晓青，2009. 人口年龄结构对区域经济增长的影响研究 [J]. 中国人口·资源与环境，19 (5)：100-103.

赵昕东，陈丽珍，2019. 老龄化对劳动生产率的影响是否存在行业差别：基于智力型与体力型服务行业的证据 [J]. 学习与探索，(06)：118-

124.

郑秉文，2011. “中等收入陷阱”与中国发展道路——基于国际经验教训的视角［J］. 中国人口科学，2011（01）：2-15+111.

郑伟，林山君，陈凯，2014. 中国人口老龄化的特征趋势及对经济增长的潜在影响［J］. 数量经济技术经济研究，31（8）：3-20.

郑小勇，2004. 浙江省经济增长要素贡献率的实证分析［J］. 经济与管理，（7）：66-68.

郑长德，2007. 中国各地区人口结构与储蓄率关系的实证研究［J］. 人口与经济，（06）：1-4+11.

周晓，朱农，2003. 论人力资本对中国农村经济增长的作用［J］. 中国人口科学，（6）：17-24.

邹红，彭争呈，栾炳江，2018. 隔代照料与女性劳动供给——兼析照料视角下全面二孩与延迟退休悖论［J］. 经济学动态，（07）：37-52.

邹薇，代谦，2003. 技术模仿，人力资本积累与经济赶超［J］. 中国社会科学，（05）：26-38+205-206.